INTERCONSULT

Treuhand GmbH
Wirtschaftsprüfungsgesellschaft
Steuerberatungsgesellschaft
Maximiliansplatz 12 b, 80333 München
Telefon 22 91 36

D1747370

Pelka/Niemann

Praxis der Rechnungslegung in Insolvenzverfahren

Praxis der Rechnungslegung in Insolvenzverfahren

4., neubearbeitete Auflage

von

RA StB Dr. Jürgen Pelka, Köln
RA WP StB Dr. Walter Niemann, Köln

RWS Verlag Kommunikationsforum GmbH · Köln

Die Deutsche Bibliothek – CIP-Einheitsaufnahme

Pelka, Jürgen:
Praxis der Rechnungslegung in Insolvenzverfahren /
von Jürgen Pelka : Walter Niemann – 4., neubearb. Aufl. –
Köln : RWS Verlag Kommunikationsforum, 1997
   ISBN 3-8145-8068-0

© 1997 RWS Verlag Kommunikationsforum GmbH
Postfach 27 01 25, 50508 Köln

Alle Rechte vorbehalten. Ohne ausdrückliche Genehmigung des Verlages ist es auch nicht gestattet, das Werk oder Teile daraus in irgendeiner Form (durch Fotokopie, Mikrofilm oder ein anderes Verfahren) zu vervielfältigen.

Druck und Verarbeitung: Bercker, Graphischer Betrieb, 47623 Kevelaer

Inhaltsverzeichnis

		Rz.	Seite
I.	**Rechtliche Grundlagen des Rechnungswesens bei der Insolvenzabwicklung**	1	1
1.	Buchführungspflicht nach Handelsrecht	1	1
2.	Buchführungspflicht nach Steuerrecht	16	5
3.	Buchführungspflicht nach Insolvenzrecht	22	6
II.	**Buchführung**	40	10
1.	Buchführungssysteme	40	10
	a) Pagatorische Einnahmen- und Ausgabenrechnung	41	10
	b) Doppelte kaufmännische Buchführung	44	11
2.	Buchführungsorganisation	46	11
3.	Technik der Insolvenzbuchführung	49	12
	a) Einnahmen- und Ausgabenrechnung	49	12
	b) Doppelte kaufmännische Buchführung	51	12
III.	**Informationsmöglichkeiten durch das Rechnungswesen**	59	15
1.	Gewinnermittlung nach Handels- und Steuerrecht	59	15
2.	Umsatzsteuer-Voranmeldung	62	15
3.	Forderungsprüfung	65	16
4.	Aktualisierung und Fortschreibung der Konkursbilanz	68	17
5.	Masseschuldentabelle	89	24
6.	Schlußrechnung	92	25
7.	Informationsmöglichkeiten für das Gesamtvollstreckungsverfahren	97	28
8.	Informationsmöglichkeiten für das Verfahren nach der Insolvenzordnung	98	28

			Rz.	Seite
IV.	**Erstellung des handelsrechtlichen Jahresabschlusses**		102	30
1.	Bilanz		102	30
	a)	Liquidationsbilanz	102	30
	b)	Konkursbilanzen	112	32
	c)	Inventur	116	33
		aa) Inventarisierungspflicht	116	33
		bb) Inventurarten	120	34
		cc) Inventurmethoden	122	35
		dd) Vereinfachungen	133	37
	d)	Grundsätze ordnungsmäßiger Buchführung nach Handelsrecht	138	38
	e)	Grundsätze ordnungsmäßiger Buchhaltung in der Insolvenz	142	40
		aa) Stichtagsprinzip (§ 242 Abs. 1 und 2 HGB)	143	40
		bb) Vollständigkeit (§ 246 Abs. 1 HGB)	144	40
		cc) Bilanzidentität (§ 252 Abs. 1 Nr. 1 HGB)	147	41
		dd) Bewertungsstetigkeit (§ 252 Abs. 1 Nr. 6 HGB)	149	41
		ee) Going-concern-Prinzip (§ 252 Abs. 1 Nr. 2 HGB)	150	42
		ff) Prinzip der Einzelbewertung (§ 252 Abs. 1 Nr. 3 HGB)	153	43
	f)	Ansatzvorschriften	155	43
	g)	Bewertungsvorschriften	168	46
	h)	Gliederungsvorschriften	174	47
	i)	Schlußbilanz der werbenden Gesellschaft	182	48
	j)	Liquidations-Eröffnungsbilanz	184	49
	k)	Laufende Liquidations-Jahresabschlüsse	197	51
	l)	Liquidations-Schlußbilanz/Schlußrechnung	201	51
2.	Gewinn- und Verlustrechnung		207	52
3.	Anhang, Erläuterungsbericht		214	54
4.	Lagebericht		224	57

Inhaltsverzeichnis

			Rz.	Seite
5.	Exkurs: Prüfung und Offenlegung von Jahresabschlüssen		231	58
V.	**Rechnungslegung gegenüber der Finanzverwaltung**		238	61
1.	Steuerrechtliche Pflichten des Sequesters		238	61
2.	Steuerrechtliche Pflichten des Konkursverwalters		245	62
3.	Steuerrechtliche Pflichten des Verwalters nach der Gesamtvollstreckungsordnung		251	64
4.	Steuerrechtliche Pflichten des Verwalters nach der Insolvenzordnung		253	64
5.	Ermittlung des steuerlichen Gewinns		256	65
	a)	Gewinnermittlung für das jeweils laufende Wirtschaftsjahr	256	65
	b)	Änderung der Gewinnermittlung für Wirtschaftsjahre vor Konkurseröffnung	262	67
6.	Die Geltendmachung von Steuererstattungsansprüchen		278	71
7.	Steuererklärungen für die Einkommensteuer		288	73
	a)	Einheitlichkeit der Veranlagung	288	73
	b)	Konkursbedingte Besonderheiten	291	74
	c)	Ergänzende Angaben für betagte Steuerforderungen	297	75
	d)	Ergänzende Angaben für die Aufteilung der Steuerschuld	302	77
		(1) Aufteilungsmethode	303	77
		(2) Konkursrechtliche Zuordnung der Einkünfte und der übrigen Einkommensbestandteile	306	78
	e)	Erläuterungsbedarf gegenüber der Finanzverwaltung	327	82
	f)	Zinsabschlagsteuer, Kapitalertragsteuer und Körperschaftsteuer	333	85
8.	Steuererklärungen für die Körperschaftsteuer		336	85
9.	Steuererklärungen für die Gewerbesteuer		354	88

			Rz.	Seite
10.	Steuererklärungen für die Umsatzsteuer		365	91
	a)	Konkursrechtliche Zuordnung der Umsatzsteuerforderung oder des Umsatzsteuererstattungsanspruchs	368	92
		(1) Zuordnung der Umsatzsteuer für die einzelnen steuerpflichtigen Umsätze	370	92
		(2) Zuordnung der Vorsteuer	386	96
		(3) Zusammenfassung der Einzelergebnisse	391	98
	b)	Umsatzsteuer bei Ausübung des Wahlrechts nach § 17 KO, § 9 GesO, § 103 InsO	397	99
	c)	Umsatzsteuer bei der Verwertung von Massegegenständen	401	100
	d)	Umsatzsteuer bei der Herausgabe an den Aussonderungsberechtigten	419	104
	e)	Umsatzsteuer in massearmen Verfahren	425	105
	f)	Vorsteuerabzug aus Rechnungen für eigene Leistungen des Konkursverwalters	426	105
11.	Lohnsteuer		427	105
12.	Sonstige Steuerarten		438	107
VI.	**Erstellung und Fortschreibung der internen Rechnungslegung**		**440**	**109**
1.	Interne Rechnungslegung nach der Konkursordnung		440	109
	a)	Merkmale der Konkursbilanz	440	109
		aa) Zwecke der Konkursbilanz	440	109
		bb) Unterschiede zu anderen Rechnungsausweisen	446	110
	b)	Allgemeine Grundsätze für die Aufstellung von Konkursbilanzen	456	112
		aa) Grundsatz der Richtigkeit und Willkürfreiheit	457	112
		bb) Grundsatz der Vollständigkeit	458	112
		cc) Grundsatz der Klarheit	460	113
		dd) Grundsatz der neutralen Wertermittlung	461	113

				Rz.	Seite
		ee)	Grundsatz der Stetigkeit	462	114
		ff)	Grundsatz der Einzelbewertung	463	114
	c)	Gliederung der Konkursbilanz		464	114
		aa)	Vertikalgliederung der Aktivseite	465	114
		bb)	Vertikalgliederung der Passivseite	466	115
		cc)	Horizontalgliederung	467	116
	d)	Bewertung in der Konkursbilanz		469	117
		aa)	Bewertung der Aktiva	470	117
			(1) Wertermittlung	470	117
			(2) Bewertungsprobleme einzelner Aktivposten	474	118
		bb)	Bewertung der Passiva	481	120
			(1) Wertermittlung	481	120
			(2) Bewertungsprobleme einzelner Passivposten	483	120
	e)	Konkurseröffnungsbilanz, Fortschreibung der Konkursbilanz		489	121
	f)	Technik der Erstellung von Konkursbilanzen		495	123
		aa)	Konkurseröffnungsbilanz	495	123
		bb)	Konkurszwischenbilanzen, Konkursschlußbilanz	500	125
	g)	Informationen für den Schlußbericht		503	125
2.	Interne Rechnungslegung nach der Gesamtvollstreckungsordnung			509	127
3.	Interne Rechnungslegung nach der Insolvenzordnung			517	129

Literaturverzeichnis		141
Stichwortverzeichnis		147

I. Rechtliche Grundlagen des Rechnungswesens bei der Insolvenzabwicklung

1. Buchführungspflicht nach Handelsrecht

Die zur Zeit noch geltende Konkursordnung enthält keine allgemeine und zusammenhängende Regelung der Rechnungslegungspflichten des Konkursverwalters. Geregelt sind nur folgende Pflichten: 1

- Aufzeichnungspflicht hinsichtlich der einzelnen zur Konkursmasse gehörigen Gegenstände (§ 123),
- Anfertigung einer Konkursbilanz und eines Inventars (§ 124),
- Berichterstattung und Rechnungslegung gegenüber der Gläubigerversammlung (§ 132 Abs. 2),
- Schlußrechnunglegung (§ 86) und
- Erstellung eines Schlußverzeichnisses (§ 162 KO).

Darüber hinaus enthält die Konkursordnung keine weiteren Vorschriften zur Rechnungslegung. Insbesondere fordert sie keine Zwischenbilanzen und Zwischeninventuren während des Liquidationszeitraums. Aus den konkursrechtlichen Rechnungslegungsvorschriften unmittelbar wird daher bislang weder in der Literatur noch in der Rechtsprechung eine Verpflichtung des Konkursverwalters zur Führung von Büchern nach den Grundsätzen ordnungsmäßiger Buchführung und zur bilanziellen Gewinnermittlung hergeleitet. Für den Konkurszweck wird lediglich die Erfassung der laufenden pagatorischen Geschäftsvorfälle durch eine Einnahmen- und Ausgabenrechnung als ausreichend angesehen.[1)]

Der Konkursverwalter ist gleichwohl aufgrund von Vorschriften außerhalb der Konkursordnung zunächst handelsrechtlich verpflichtet, unter Beachtung der Grundsätze ordnungsmäßiger Buchführung Bücher zu führen und Jahresabschlüsse zu erstellen.[2)] 2

Die Rechnungslegungspflichten ergeben sich zunächst aus §§ 238 ff HGB, wonach jeder Kaufmann verpflichtet ist, Bücher zu führen und aus diesen seine Handelsgeschäfte und die Lage seines Vermögens nach den Grundsätzen ordnungsmäßiger Buchführung ersichtlich zu machen und zum Schluß eines jeden Geschäftsjahres einen das Verhältnis seines Vermögens und seiner Schulden darstellenden Abschluß aufzustellen. 3

---

1) *Kuhn/Uhlenbruck*, KO, § 6 Rz. 46m.
2) BGH, Urt. v. 29. 5. 1979 - VI ZR 104/78, BGHZ 74, 316 = ZIP 1980, 25 mit Anm. *Kilger*; OLG Köln, Urt. v. 20. 12. 1979 - 12 U 170/78, ZIP 1980, 94 m. Anm. *Niemann*; *Karsten Schmidt*, S. 75.

I. Rechtliche Grundlagen des Rechnungswesens bei der Insolvenzabwicklung

4 Dieses Ergebnis erhält man durch die Methode der Lückenausfüllung. Die Konkursordnung hat nicht geregelt, welche Rechnungslegungspflichten den Konkursverwalter während des Liquidationszeitraums treffen. Deshalb wird diese Lücke im Gesetz durch die allgemeinen handelsrechtlichen Vorschriften geschlossen.

5 Die Rechtsprechung des Reichsfinanzhofes[3] und des Bundesfinanzhofes[4] bestätigt die Verpflichtung des Insolvenzverwalters, neben der konkursrechtlichen Rechnungslegung auch nach handelsrechtlichen Grundsätzen Bücher zu führen und zu jedem Jahresende Bilanzen aufzustellen. Die Erfüllung der konkursrechtlichen Rechnungslegungspflichten ersetzt nicht die handelsrechtliche Buchführungspflicht. Der Bundesfinanzhof hält eine laufende Buchführung und jährliche Bilanzaufstellung im gesamten Konkurszeitraum für erforderlich. Überdies verlangt er die Erfüllung der allgemeinen Buchführungspflichten für Vollkaufleute.[5] Die handelsrechtliche Buchführungspflicht wird demnach mit der Vollkaufmannseigenschaft verknüpft. Solange die Kaufmannseigenschaft des Gemeinschuldners in der Insolvenz bestehenbleibt, erlischt auch die Buchführungspflicht des Verwalters nicht. Die Auffassung entspricht der heute herrschenden Meinung.[6]

6 Die handelsrechtliche Buchführungspflicht erlischt erst dann, wenn im Zuge fortschreitender Abwicklung des Verfahrens der Vollkaufmann gemäß §§ 1, 2 HGB zum Minderkaufmann gemäß § 4 Abs. 1 HGB wird. Soweit das insolvente Unternehmen nach Konkurseröffnung zerschlagen wird, führen die Abwicklungsgeschäfte zur fortwährenden Schrumpfung des Unternehmens, so daß ab einem bestimmten Zeitpunkt kein vollkaufmännischer Geschäftsbetrieb mehr erforderlich ist. Wird ein Vollkaufmann zum Minderkaufmann, so hat dies regelmäßig zur Folge, daß die handelsrechtliche Buchführungspflicht untergeht, da Minderkaufleute nicht buchführungspflichtig sind. Dies gilt allerdings gemäß § 6 Abs. 2 HGB nicht für Kapitalgesellschaften, die als Formkaufleute immer voll buchführungspflichtig bleiben.

---

[3] RFH RStBl 1938, 969; RFH RStBl 1940, 716.
[4] BFH, Urt. v. 8. 6. 1972 - IV R 129/66, BStBl 1972 II, 784; BFH, Beschl. v. 12. 11. 1992 - IV B 83/91, ZIP 1993, 374 = BStBl 1993 II, 265, dazu EWiR 1993, 219 *(App)*; ebenso BGH ZIP 1980, 25.
[5] BFH BStBl 1972 II, 784.
[6] Vgl. *Adler/Düring/Schmaltz*, § 238 HGB Rz. 30.

1. Buchführungspflicht nach Handelsrecht

Die neue Insolvenzordnung[7], die gemäß Art. 110 EGInsO[8] ab dem 1. Januar 1999 in Kraft treten wird,[9] schließt die bisherige Lücke in der Konkursordnung zur Rechnungslegung, indem sie in § 155 Abs. 1 bestimmt: 7

"Handels- und steuerrechtliche Pflichten des Schuldners zur Buchführung und zur Rechnungslegung bleiben unberührt. In bezug auf die Insolvenzmasse hat der Insolvenzverwalter diese Pflicht zu erfüllen."

Bis diese Novellierung in Kraft tritt, gilt das Handelsbilanzrecht der Liquidationsgesellschaft als Basis auch für die Rechnungslegung im Konkurs.[10] Für die handelsrechtliche Bilanzierungspflicht von **Kapitalgesellschaften** im Stadium der Abwicklung enthalten § 270 AktG und § 71 Abs. 1 - 3 GmbHG Spezialvorschriften, die die grundsätzliche Verpflichtung zur handelsrechtlichen Buchführung und Bilanzierung nicht in Frage stellen, sondern nur modifizieren.[11] 8

Für **Personenhandelsgesellschaften** ist in §§ 154, 161 HGB für die Erstellung von Liquidationsbilanzen ebenfalls eine Spezialregelung getroffen worden, die die handelsrechtliche Bilanzierungspflicht nach §§ 238 ff HGB im Hinblick auf den Bilanzierungszeitpunkt modifiziert, im übrigen aber nicht ausschließt.[12] 9

Es ist daher generell erforderlich, während des ganzen Konkurszeitraums die bisherigen Handelsbilanzen fortzuführen. Die Begründung der Buchführungs- und Bilanzierungspflicht aus den Vorschriften des Handelsgesetzbuches ist gerechtfertigt, da mit der Konkurseröffnung die Kaufmannseigenschaft des Gemeinschuldners nicht entfällt. Die durch Konkurs aufgelöste Handelsgesellschaft lebt vielmehr als vollwertiges Rechtsgebilde fort, untersteht nach wie vor dem Handelsrecht und wird vom Konkursverwalter bis zur Vollbeendigung abgewickelt.[13] 10

Dies gilt nicht nur für den Fall der Betriebsfortführung, sondern auch für den Fall der Schließung des Geschäftsbetriebes. Die Abwicklung des Unterneh- 11

---

7) Insolvenzordnung (InsO) vom 5. 10. 1994, BGBl I, 2866, abgedruckt in: *Kübler/Prütting*, RWS-Dok. 18, Bd. I, S. 43 ff.
8) Einführungsgesetz zur Insolvenzordnung (EGInsO) vom 5. 10. 1994, BGBl I, 2911, abgedruckt in: *Kübler/Prütting*, RWS-Dok. 18, Bd. II, S. 1 ff.
9) Durch das Arbeitsrechtliche Beschäftigungsförderungsgesetz vom 25. 9. 1996, BGBl I, 1476, sind zwar die Vorschriften der §§ 113, 120 - 122 sowie §§ 125 - 128 InsO schon zum 1. 10. 1996 in Kraft getreten. Diese Vorschriften betreffen aber nicht die Rechnungslegungspflichten des Verwalters, sondern arbeitsrechtliche Bestimmungen.
10) *Karsten Schmidt*, S. 83.
11) *Kuhn/Uhlenbruck*, KO, § 6 Rz. 46m; *Klasmeyer/Kübler*, BB 1978, 369 ff; BGH ZIP 1980, 25 m. Anm. *Kilger*; *Scherrer/Heni*, S. 11; *Karsten Schmidt*, S. 83 f.
12) A. A. *Karsten Schmidt*, S. 85; so wie hier *Baumbach/Hopt*, HGB, § 154 Rz. 4.
13) *Karsten Schmidt*, S. 27; *Klasmeyer/Kübler*, BB 1978, 369, 370 m. w. N.

I. Rechtliche Grundlagen des Rechnungswesens bei der Insolvenzabwicklung

mens bleibt weiterhin "Gewerbebetrieb", da die Absicht der bestmöglichen Verwertung des vorhandenen Vermögens eine Gewinnerzielungsabsicht darstellt.

12 Im übrigen ergibt sich auch mittelbar aus den bereits zitierten Vorschriften der Konkursordnung die handelsrechtliche Buchführungs- und Bilanzierungspflicht des Konkursverwalters, da der Konkursverwalter den ihm obliegenden konkursrechtlichen Rechnungslegungspflichten nur bei Beachtung der einschlägigen handelsrechtlichen Vorschriften nachzukommen vermag.

13 Die handelsrechtliche Pflicht zur Buchführung und Bilanzierung besteht unabhängig davon, ob es sich um ein massearmes Verfahren handelt oder nicht. Allein das Argument, der mit der Erfüllung der handelsrechtlichen Pflichten verbundene Kostenaufwand sei angesichts einer ohnehin unzulänglichen Konkursmasse nicht vertretbar und stehe in keinem Verhältnis zu dem zu erzielenden Effekt, entbindet den Konkursverwalter nicht von der Wahrnehmung seiner handelsrechtlichen Pflichten.[14]

14 Die Buchführungs- und Bilanzierungspflicht des Konkursverwalters besteht sowohl für die Zeit vor Konkurseröffnung als auch für die Zeit danach.[15] Sie hat nur dort ihre Grenzen, wo Mängel hinsichtlich der Buchführung und der Jahresabschlüsse vorliegen, die der Konkursverwalter weder kennen noch beheben konnte. Liegt z. B. eine grob fehlerhafte Buchführung beim Gemeinschuldner vor, so kann es nicht nur schwierig, sondern sogar unmöglich sein, eine richtige Bilanz nebst Gewinn- und Verlustrechnung für den jeweiligen Veranlagungszeitraum aufzustellen. In einem solchen Fall ist es aber immer erforderlich, von dem Zeitpunkt an, wo der Konkursverwalter für die Masse verantwortlich ist, eine ordnungsgemäße Buchführung einzurichten und aufrechtzuerhalten.

15 Kommt der Konkursverwalter seinen konkurs- und handelsrechtlichen Pflichten schuldhaft nicht nach, so haftet er bei Verschulden für einen entstehenden Schaden der Beteiligten nach § 82 KO. Das Konkursgericht kann in Ausübung seiner nach § 83 KO bestehenden Aufsichtspflicht ein Zwangsgeld gemäß § 84 KO festsetzen. Erfüllt der Konkursverwalter die ihm obliegenden handelsrechtlichen Pflichten nicht, so ist er notfalls seines Amtes zu entheben, z. B., wenn er bis zur ersten Gläubigerversammlung noch nicht begonnen hat, die Masse aufzuzeichnen und zu inventarisieren.[16]

---

14) Vgl. *Klasmeyer/Kübler*, BB 1978, 369, 375 ff.
15) *Pink*, S. 92.
16) Vgl. *Kuhn/Uhlenbruck*, KO, § 6 Rz. 46o; *Klasmeyer/Kübler*, BB 1978, 369, 373 ff.

2. Buchführungspflicht nach Steuerrecht

§ 140 AO macht die ordnungsgemäße Erfüllung aller außerhalb der Steuergesetze bestehenden Aufzeichnungs- und Buchführungspflichten, d. h. sowohl die Buchführungspflichten nach der Konkursordnung als auch die nach dem Handelsgesetzbuch, zur steuerlichen Pflicht, soweit die Bücher und Aufzeichnungen für die Besteuerung von Bedeutung sind. Da mit der Konkurseröffnung die handelsrechtlichen Buchführungs- und Bilanzierungspflichten grundsätzlich nicht enden, bestehen sie in steuerrechtlicher Hinsicht auch für die Phase der Insolvenz fort.[17] **16**

Der Konkursverwalter ist demnach auch aus steuerrechtlichen Gründen verpflichtet, für den Gemeinschuldner jährliche Abschlüsse zu erstellen. Dies gilt sowohl für den Zeitraum vor Konkurseröffnung als auch für den Zeitraum nach Konkurseröffnung. Die finanzgerichtliche Rechtsprechung hat die Auffassung bestätigt.[18] **17**

Die steuerrechtliche Pflicht zur Buchführung hat wie im Handelsrecht dort ihre Grenze, wo der Konkursverwalter für die Zeit vor Konkurseröffnung den mangelhaften Zustand eines Rechnungswesens weder erkennen noch beheben konnte und es ihm für diesen Zeitraum nicht zugemutet werden kann, die Bücher nachträglich zu führen. Für die Zeit ab Konkurseröffnung bestehen jedoch weiterhin die allgemeinen steuerrechtlichen Buchführungspflichten. **18**

Die steuerlichen Pflichten treffen nach § 34 Abs. 3 AO den Konkursverwalter, da er mit der Eröffnung des Konkursverfahrens verpflichtet ist, für den Gemeinschuldner zu handeln. Die ihm obliegende Pflicht ist öffentlich-rechtlicher Natur; sie kann nicht durch privatrechtliche Vereinbarung abbedungen werden. Der Konkursverwalter kann sich gegenüber der Finanzbehörde auch nicht auf mangelnde Befugnis oder - im Rahmen der aufgezeigten Grenzen - auf fehlende tatsächliche Einflußmöglichkeit berufen. **19**

Im Fall der Nichterfüllung der ihm obliegenden steuerlichen Pflichten haftet der Konkursverwalter nach § 69 AO insoweit persönlich, als durch vorsätzliche oder grob fahrlässige Verletzung Steueransprüche nicht oder nicht rechtzeitig festgesetzt oder erfüllt werden konnten.[19] **20**

Eine Haftung nach § 82 KO im Falle leichter Fahrlässigkeit scheidet aus, da § 69 AO insoweit lex specialis ist, als es um Pflichtverstöße geht, die auf **21**

---

17) So auch *Tipke/Kruse*, § 34 AO Rz. 14; *Kuhn/Uhlenbruck*, KO, § 6 Rz. 46d.
18) RFH RStBl 1938, 969; RFH RStBl 1940, 716; BFH BStBl 1972 II, 784; BFH ZIP 1993, 374, dazu EWiR 1993, 219 *(App)*; BGH ZIP 1980, 25.
19) Vgl. *Kuhn/Uhlenbruck*, KO, § 6 Rz. 46l.

I. Rechtliche Grundlagen des Rechnungswesens bei der Insolvenzabwicklung

Steuergesetzen beruhen.[20] Handelt es sich hingegen um konkursspezifische Pflichten, so gilt § 82 KO.

3. Buchführungspflicht nach Insolvenzrecht

22 Die Vergleichs- und Konkursordnung hat - wie bereits erwähnt - keine den handels- und steuerrechtlichen Vorschriften vergleichbare Bestimmungen über die Führung von Büchern und die Aufstellung von Bilanzen. Die Ermittlung eines Jahresüberschusses, die ein wesentlicher Zweck der nach Handels- und Steuerrecht vorgeschriebenen Bilanzen ist, ist für Zwecke der Insolvenzabwicklung entbehrlich. Gleichwohl legen auch die Vergleichsordnung und die Konkursordnung dem Gemeinschuldner oder seinem Verwalter Pflichten zur Rechnungslegung auf. Nach § 5 VglO sind dem Vergleichsantrag eine Vermögensübersicht oder eine Bilanz und darüber hinaus die nach Handelsrecht erforderlichen Bilanzen und Gewinn- und Verlustrechnungen beizufügen. Der Vergleichsverwalter hat gemäß §§ 39, 40 VglO diese Unterlagen zu prüfen.

23 Nach § 123 KO hat der Konkursverwalter die zur Konkursmasse gehörenden Gegenstände unter Angabe ihres Wertes aufzuzeichnen. § 124 KO schreibt die Anfertigung eines Inventars und einer Bilanz vor. Nach § 132 Abs. 2 KO beschließt die Gläubigerversammlung, in welchem Zeitraum und in welcher Weise der Verwalter ihr oder einem Gläubigerausschuß über die Verwaltung und Verwertung der Masse Bericht erstatten und Rechnung legen soll. Bei Beendigung des Amtes hat der Verwalter Schlußrechnung zu legen und ein Schlußverzeichnis zu erstellen (§§ 86, 162 KO).

24 In der Praxis sind damit auch aus insolvenzrechtlichen Gründen der Konkurs- oder Vergleichsverwalter sowie der Gemeinschuldner verpflichtet, Bücher zu führen, Inventare und Bilanzen anzufertigen und Rechnung zu legen.

25 Im Gegensatz zu den Rechnungslegungspflichten nach Handels- und Steuerrecht, die extern wirken, betreffen die Rechnungslegungsvorschriften der Konkursordnung (§§ 86, 123, 124, 132 KO) die **internen** Rechnungslegungspflichten des Insolvenzverwalters gegenüber den Gläubigern und dem Konkursgericht. Mit der Erstellung der Rechnungslegung nach der Konkursordnung erfüllt der Verwalter die ihm obliegende Rechenschaftspflicht über die Tätigkeit seiner Abwicklung. Diese interne Rechenschaftspflicht hat nichts mit der unternehmerischen Rechnungslegung, der externen Rechnungslegung der Gesellschaft zu tun.[21]

---

20) So der BGH, Urt. v. 1. 12. 1988 - IX ZR 61/88, BGHZ 106, 134 = ZIP 1989, 50, dazu EWiR 1989, 389 *(Wellensiek)*, und die h. M. in der konkursrechtlichen Literatur, vgl. *Kuhn/Uhlenbruck*, KO, § 6 Rz. 46l; anders noch *Tipke/Kruse*, vor § 69 AO Rz. 26a; *Braun*, DStZ 1988, 93; allgemein: *Stirnberg*, BB 1990, 1525.
21) So auch *Pink*, S. 55.

3. Buchführungspflicht nach Insolvenzrecht

Aus den Rechnungslegungsvorschriften des Insolvenzrechts wird allerdings weder in der Literatur noch in der Rechtsprechung eine unmittelbare Verpflichtung zur Beachtung der Grundsätze ordnungsmäßiger Buchführung abgeleitet.[22] Sie zu beachten gebieten unmittelbar nur die handelsrechtlichen Buchführungs- und Bilanzierungsvorschriften. Die zitierten insolvenzrechtlichen Rechnungslegungsnormen können allerdings nur bei Beachtung der handelsrechtlichen Vorschriften über die Rechnungslegung in vollem Umfang erfüllt werden und erfordern daher mittelbar ebenfalls eine Buchführung nach den Grundsätzen ordnungsmäßiger Buchführung. 26

Mit der Schaffung der Wirtschafts-, Währungs- und Sozialunion am 1. Juli 1990 ist für das Gebiet der ehemaligen DDR das HGB, das GmbH-Gesetz und das Aktiengesetz eingeführt worden.[23] Nicht übernommen wurden die Konkursordnung und die Vergleichsordnung. Statt dessen ist die Gesamtvollstreckungsverordnung in Kraft getreten.[24] 27

Die Gesamtvollstreckungsordnung sieht in § 3 die Aufstellung eines Vermögensverzeichnisses durch den Schuldner vor. Ein Stichtag, für den das Vermögensverzeichnis aufzustellen ist, ist vom Gesetzgeber nicht vorgegeben worden. Im Hinblick auf den Zweck des § 3 GesO ist jedoch ein Zeitpunkt in möglichst geringem zeitlichem Abstand zur Antragstellung geboten. Wie das Vermögensverzeichnis auszusehen hat, bestimmt die Gesamtvollstreckungsordnung nicht. Es wird nicht auf die §§ 123 - 125 KO Bezug genommen. 28

Obwohl § 11 Abs. 2 GesO keine Pflicht zur Erstellung einer Eröffnungsbilanz normiert, wird dies in der Literatur wegen Sinn und Zweck der Gesamtvollstreckungsordnung zusätzlich gefordert.[25] Für die Eröffnungsbilanz gelten dann die Grundsätze des § 124 KO.[26] Darüber hinaus muß auch nach der **Gesamtvollstreckungsordnung** Zwischenrechnung gelegt werden. 29

Aus § 17 Abs. 2 GesO ergibt sich, daß der Verwalter ein Schlußverzeichnis aufzustellen hat, in dem auf der Grundlage der anerkannten Forderungen ein Vorschlag über die Reihenfolge der Befriedigung zu erfolgen hat. Das Schluß- 30

---

22) Vgl. *Klasmeyer/Kübler*, BB 1978, 369, 370; *Kuhn/Uhlenbruck*, KO, § 6 Rz. 46m.
23) Durch das Gesetz über die Inkraftsetzung von Rechtsvorschriften der Bundesrepublik Deutschland in der DDR vom 21. 6. 1990, GBl I Nr. 34 S. 357, abgedruckt in: *Horn*, RWS-Dok. 1 Nr. 1.7.
24) Gesamtvollstreckungsverordnung (GesVO) vom 6. 6. 1990, GBl I Nr. 32 S. 285, durch den Einigungsvertrag mit nur geringfügigen Änderungen als "Gesamtvollstreckungsordnung (GesO)" in den Rang eines Bundesgesetzes erhoben, EinigungsV Anlage II Kap. III Abschn. II Nr. 1, BGBl II 1990, 889, 1153, abgedruckt in: *Horn*, RWS-Dok. 2 Nr. I.3.2, S. 1, Bekanntmachung der Neufassung vom 23. 5.1991, BGBl I, 1185, zuletzt geändert durch Gesetz 18. 6. 1997, BGBl I, 1430, 1441.
25) *Haarmeyer/Wutzke/Förster*, GesO, § 11 Rz. 14 ff; *Hess/Binz/Wienberg*, GesO, § 11 Rz. 12 ff.
26) Vgl. *Hess/Binz/Wienberg*, GesO, § 11 Rz. 13.

I. Rechtliche Grundlagen des Rechnungswesens bei der Insolvenzabwicklung

verzeichnis hat die in § 17 Abs. 3 Nr. 1 - 4 GesO aufgestellte Rangordnung zu berücksichtigen.

31 Der Abschlußbericht des Verwalters nach § 18 Abs. 4 GesO ist von der Schlußrechnung des Verwalters und der Schlußbilanz zu unterscheiden. Die Schlußbilanz ist Gegenstand der externen Rechnungslegung, insbesondere bei einer sich im Gesamtvollstreckungsverfahren befindenden Handelsgesellschaft. Die Schlußrechnung des Verwalters ist eine Rechnungslegung gegenüber der Gläubigerversammlung entsprechend § 86 KO, die im Schlußtermin der Gläubiger geprüft wird. Der Abschlußbericht wird lediglich dem Gericht gegenüber erstattet (§ 18 Abs. 4 GesO).[27]

32 Nach der zukünftigen **Insolvenzordnung** muß nicht mehr auf eine entsprechende Anwendung der §§ 238 ff HGB, § 270 AktG, § 71 GmbHG für die externe Rechnungslegung zurückgegriffen werden. Während des Insolvenzverfahrens gelten diese Vorschriften kraft ausdrücklicher Verweisung in § 155 Abs. 1 InsO (oben Rz. 7).

33 Soweit es um die Insolvenzmasse (§ 35 InsO) geht, hat der Insolvenzverwalter die Handelsbücher zu führen und für den Schluß eines jeden Geschäftsjahres eine Bilanz und eine Gewinn- und Verlustrechnung aufzustellen, wenn es sich um ein vollkaufmännisches Unternehmen handelt. Mit der Eröffnung des Insolvenzverfahrens beginnt nach § 155 Abs. 2 InsO ein neues Geschäftsjahr. Daher hat der Insolvenzverwalter auch auf den Zeitpunkt der Verfahrenseröffnung eine Eröffnungsbilanz (§ 125 InsO) aufzustellen.

34 Darüber hinaus wird es eine spezielle insolvenzrechtliche Rechnungslegung geben: Bei Verfahrenseröffnung hat der Insolvenzverwalter ein Verzeichnis der Massegegenstände sowie ein Gläubigerverzeichnis (§§ 151, 152 InsO) zu erstellen, die beide Grundlage für die Vermögensübersicht nach § 153 InsO sind.

35 Das Verzeichnis der Massegegenstände enthält die Aktiva der zu inventarisierenden Konkursmasse, während das Gläubigerverzeichnis sämtliche Passiva aufführt, gegliedert nach den Absonderungsberechtigten und den nachrangigen Gläubigern entsprechend ihrer Ranglast. Die Vermögensübersicht ähnelt der Konkurseröffnungsbilanz nach § 124 KO. Das Gläubigerverzeichnis besitzt sachlich keine eigenständige Bedeutung, sondern repräsentiert nur die Passivseite des Inventars. Aus diesem Grunde beruht die in der Insolvenzordnung vorgenommene Dreiteilung der Rechenwerke sachlich nur auf zwei Rechenwerken.[28]

---

27) Vgl. *Kilger/Karsten Schmidt*, KO, § 18 GesO Anm. 2 g; *Haarmeyer/Wutzke/Förster*, GesO, § 18 Rz. 31.
28) *Pink*, S. 78.

3. Buchführungspflicht nach Insolvenzrecht

Das Verzeichnis der Massegegenstände entspricht dem Vermögensverzeichnis **36** nach § 123 Abs. 1 KO. Hier sind gemäß § 151 Abs. 2 InsO sämtliche Vermögensgegenstände mit ihrem Einzelveräußerungswert und zusätzlich mit ihrem Fortführungswert anzugeben, sofern die Aussicht auf eine Fortführung des Unternehmens besteht. § 154 InsO verpflichtet den Verwalter, das Verzeichnis der Massegegenstände spätestens eine Woche vor dem Berichtstermin der ersten Gläubigerversammlung in der Geschäftsstelle zur Einsicht zu hinterlegen. Darüber hinaus werden dem Insolvenzverwalter keine Fristen vom Gesetz vorgegeben.

Schließlich hat der Verwalter im ersten Berichtstermin einen mündlichen Be- **37** richt vor der Gläubigerversammlung abzuhalten (§ 156 InsO). Der Bericht soll drei Aspekte umfassen, nämlich die Darstellung der wirtschaftlichen Lage des Schuldners und ihre Ursachen, die Stellungnahme des Verwalters, ob das Unternehmen im Ganzen oder in Teilen erhalten werden kann, sowie die Frage, ob sich anstelle der gesetzlichen Abwicklung die Aufstellung eines Insolvenzplans empfiehlt.

Nach § 66 Abs. 3 InsO kann dem Insolvenzverwalter aufgegeben werden, eine **38** Zwischenrechnung zu erstellen. Zusätzlich können das Insolvenzgericht, der Gläubigerausschuß oder die Gläubigerversammlung gemäß § 158 Abs. 1, §§ 69, 79 InsO jederzeit einzelne Auskünfte oder einen Bericht über den Sachstand und die Geschäftsführung vom Verwalter einfordern. Verlangt die Gläubigerversammlung vom Verwalter nach § 66 Abs. 3 InsO Zwischenrechnungen, so sind diese durch das Insolvenzgericht zu überprüfen.

Gemäß § 66 Abs. 1 InsO hat der Insolvenzverwalter bei Beendigung seines **39** Amtes der Gläubigerversammlung Rechnung zu legen. Diese Vorschrift entspricht § 86 Satz 1 KO und soll nach dem Willen des Gesetzgebers auch entsprechend ausgelegt werden.[29] Die Rechenwerke zum Verfahrensabschluß entsprechen damit denen der Konkursordnung.

---

29) Vgl. *Pink*, S. 84.

II. Buchführung

1. Buchführungssysteme

40 Es werden die kameralistische und die kaufmännische Buchführung unterschieden. Die **kameralistische** Buchführung, die im wesentlichen bestimmte Sollvorgaben den tatsächlichen Istzahlungen gegenüberstellt, hat für das kaufmännische Rechnungswesen keine Bedeutung. Sie wird auch im Insolvenzverfahren nur in seltenen Fällen angewendet. Die Kameralistik war lange Zeit das Buchführungssystem der Behörden und staatlichen Einrichtungen. Bei den **kaufmännischen** Buchführungen wird zwischen einer einfachen Einnahmen- und Ausgabenrechnung (pagatorische Aufzeichnungen) und der sogenannten doppelten Buchführung unterschieden.

a) Pagatorische Einnahmen- und Ausgabenrechnung

41 Bei der pagatorischen oder einfachen Buchführung werden lediglich die Einnahmen und Ausgaben fortlaufend aufgezeichnet und gegenübergestellt. Eine Ermittlung und Kontrolle der Bestände ist nicht möglich, so daß Bestandsveränderungen den Gewinn der einfachen Buchführung nicht beeinflussen können. Die einfache Einnahmen- und Ausgabenrechnung erfüllt nicht die Voraussetzungen des § 238 Abs. 1 HGB, so daß sie für Vollkaufleute und Handelsgesellschaften nicht zulässig ist. Vielmehr können sich nur **Klein- oder Minderkaufleute** dieses Buchführungssystems bedienen.

42 Auch **steuerrechtlich** hat die pagatorische Buchführung als Einnahmen- und Ausgabenrechnung ihren Anwendungsbereich nur bei solchen Steuerpflichtigen, die ihren Gewinn nach § 4 Abs. 3 EStG ermitteln können, die also nicht aufgrund gesetzlicher Vorschriften verpflichtet sind, Bücher zu führen und Abschlüsse zu erstellen. Das sind im wesentlichen Kleingewerbetreibende sowie Freiberufler.

43 Die Einnahmen- und Ausgabenrechnung hat den Nachteil, daß sie eine Kontrolle der Eintragungen anhand der Bestände nicht ermöglicht und im übrigen nur eine Gewinnermittlung nach pagatorischen Gesichtspunkten bietet. Andererseits hat die Einnahmen- und Ausgabenrechnung den Vorteil, daß sie schnell eingerichtet und leicht geführt werden kann. Durch eine Aufgliederung der Einnahmen und Ausgaben in Form eines Spaltenbuches lassen sich zusätzliche Informationen gewinnen, die im Rahmen eines Insolvenzverfahrens von Bedeutung sind. Da solche pagatorischen Einnahmen- und Ausgabenrechnungen nur einen geringen Personal- und damit Kostenaufwand verursachen, ist ihre Anwendung bei kleinen Betrieben zu empfehlen, die nicht nach handels- und steuerrechtlichen Vorschriften Bilanzen aufstellen müssen.

b) Doppelte kaufmännische Buchführung

Bei der doppelten kaufmännischen Buchführung werden alle im Laufe eines Jahres vorkommenden Geschäftsvorfälle sowohl in zeitlicher als auch in sachlicher Ordnung festgehalten. Im sogenannten **Grundbuch (Journal)** werden die Vorgänge in chronologischer Reihenfolge aufgezeichnet, während die Zuordnung nach sachlichen Kriterien - das sind die einzelnen Buchhaltungskonten - im sogenannten **Hauptbuch (Sachkonten)** erfolgt.

Neben der zweifachen Eintragung im Grundbuch und im Hauptbuch ist die doppelte kaufmännische Buchführung dadurch gekennzeichnet, daß jeder Geschäftsvorfall notwendigerweise auch zu zwei Eintragungen im Hauptbuch (den Sachkonten) führt (Soll- und Haben-Buchung eines Geschäftsvorfalls). Durch diese mehrfache Eintragung bietet die doppelte kaufmännische Buchführung ein hohes Maß an Kontrollmöglichkeiten. Fehlerhafte Eintragungen, die insbesondere bei der manuellen doppelten Buchführung nicht selten sind, lassen sich einigermaßen zuverlässig feststellen und grundsätzlich, wenn auch manchmal mit großem Sachaufwand, aufklären. Da im Rahmen der doppelten kaufmännischen Buchführung jeder Geschäftsvorfall seinen Niederschlag sowohl in der Ertragsrechnung als auch in der Bestandsrechnung findet, ist die formelle Richtigkeit des Rechnungswesens relativ einfach dadurch festzustellen, daß der Gewinn gemäß Bestandsvergleich und der Gewinn gemäß Gewinn- und Verlustrechnung übereinstimmen müssen.

2. Buchführungsorganisation

Die doppelte Buchführung kann sowohl als Handbuchführung wie auch als Maschinenbuchführung geführt werden. Beide Systeme spielen in der heutigen Zeit wegen der relativ hohen Fehlerhäufigkeit und damit des erheblichen Personalaufwandes keine große Rolle mehr. Vielmehr hat sich in den letzten Jahren zunehmend die Computer-Buchführung durchgesetzt.

Die Computer-Buchführungssysteme, die ausnahmslos dem Prinzip der doppelten kaufmännischen Buchführung entsprechen, sind dadurch gekennzeichnet, daß alle Sortier-, Schreib- und Rechenfunktionen anhand eines vorgegebenen Programms vom Computer erstellt werden. Die Computer-Buchführungssysteme haben den Vorteil, daß - ein abgestimmtes Programm unterstellt - Rechen- oder Sortierfehler praktisch ausgeschlossen sind und darüber hinaus eine große Zahl von erforderlichen zusätzlichen Rechenarbeiten (z. B. Herausrechnung der Umsatzsteuer, Vorsteuer) automatisch ohne zusätzlichen Aufwand getätigt werden kann. Buchungsdifferenzen treten bei Computer-Systemen nicht mehr im Bereich unterschiedlicher Soll- und Haben-Buchungen auf, sondern kommen nur noch in solchen Fällen vor, in denen bestimmte Geschäftsvorfälle irrtümlich falschen Konten zugeordnet werden. Da die meisten Com-

II. Buchführung

puter-Systeme in mehr oder minder großem Umfang über Eigenkontrollmechanismen verfügen, lassen sich auch solche falschen Zuordnungen in vielen Fällen bereits bei der Eingabe oder im Rahmen der ersten Auswertung feststellen und vergleichsweise einfach korrigieren.

48 Trotz des erhöhten technischen Aufwands, der mit einem Computer-Buchführungssystem verbunden ist, ist die Einrichtung dieses Buchführungssystems selbst für kleinere und mittlere Betriebe lohnend, da der Personalaufwand der Buchhaltung bei solchen EDV-orientierten Buchführungssystemen ungleich geringer ist als bei allen herkömmlichen Buchführungsmethoden.

3. Technik der Insolvenzbuchführung

a) Einnahmen- und Ausgabenrechnung

49 Die Einnahmen- und Ausgabenrechnung, die sich nur in Fällen kleinerer Gemeinschuldnerbetriebe anbietet, wird zweckmäßigerweise anhand von Mehrspaltenbüchern geführt. Aus Kontrollgründen empfiehlt es sich, auch bei dieser Kladdenbuchführung jede Eintragung zweimal vorzunehmen und sowohl eine Einnahmen- und Ausgabenrechnung zu führen als auch eine Verteilung der Einnahmen und Ausgaben nach sachlichen Kriterien zu erstellen.

50 In dieser Buchführung werden alle Zahlungsvorgänge fortlaufend in zeitlicher Reihenfolge eingetragen; der Saldo der Einnahmen und Ausgaben entspricht dem handels- und steuerrechtlichen Gewinn. Die Aufteilung dieser Einnahmen und Ausgaben in den weiteren Spalten ergibt die für den Schlußbericht und etwaige Zwischenberichte erforderlichen Daten. Besondere Probleme sind mit einer Buchführung dieser Art nicht verbunden. Im Hinblick auf die geringe Zahl der bei diesen Unternehmen anfallenden Geschäftsvorfälle bleibt eine solche Buchführung im Regelfall noch überschaubar.

b) Doppelte kaufmännische Buchführung

51 Von erheblicher Bedeutung für die richtige Einrichtung einer Buchführung im Insolvenzverfahren ist die Eingabe des **Kontenplans**. Nur bei Verwendung eines richtigen Kontenplans lassen sich die gewünschten Salden ermitteln, die für die verschiedenen Informationen des Konkursverwalters erforderlich sind. Da sich der Kontenplan sehr stark an den Bedürfnissen des einzelnen Betriebes orientieren muß, können im folgenden nur die Grundzüge aufgezeigt werden, die bei der Einrichtung des Kontenplans zu beachten sind.

52 Das Rechnungswesen im Konkursverfahren soll im wesentlichen drei Informationen liefern: die Vermögensaufstellung oder Bilanz nach Handelsrecht, den steuerlichen Gewinn nebst den Zusatzdaten für die übrigen Steuererklärungen

3. Technik der Insolvenzbuchführung

und die Möglichkeit der Fortschreibung der Konkursbilanz sowie aller erforderlichen Daten für den Schlußbericht (unten Rz. 440 ff).

Die handels- und steuerrechtlichen Ergebnisse lassen sich aus der üblichen 53 kaufmännischen Buchführung vergleichsweise einfach ableiten, da die kaufmännische Buchführung gerade zur Ermittlung dieser Informationen entwickelt worden ist. Besonderheiten ergeben sich daher zunächst nicht.

Die Fortschreibung der Konkursbilanz sowie die Daten zum Schlußbericht 54 verlangen allerdings ein **anderes Informationssystem**. In der Konkursbilanz spielen die Buchwerte nur eine untergeordnete Rolle; entscheidend sind die Verkehrswerte und insbesondere die freie Masse. Die Verkehrswerte mit den Drittrechten und damit die freie Masse sind aber in der kaufmännischen Buchführung nicht vorgesehen; die kaufmännische Buchführung und ihre Bewertungsvorschriften kennen nur Buchwerte und Anschaffungskosten, nicht aber Verkehrswerte. Die Verkehrswerte gehen in die kaufmännische Buchführung erst mit der Veräußerung oder einer Teilwertabschreibung ein.

Die Integration der Konkursbuchführung in die Handels- und Steuerbilanz- 55 buchführung ist zwar mit erheblichem Aufwand verbunden, dafür aber in ihrem Kontroll- und Aussagewert optimal (vgl. Rz. 69 ff). Entschließt sich der Konkursverwalter zu einer solchen komplexen Buchführung, sind die konkursspezifischen Sonderkonten, die Drittrechte und die Verkehrswerte in ihr enthalten. Sie werden in Kontenklassen außerhalb der üblichen Buchführung eingeordnet (z. B. die von der kaufmännischen Buchführung sonst nicht benutzten Kontenklassen 5, 6, 7 und 9).

Auch die Buchwerte der Verbindlichkeiten des Gemeinschuldnerunternehmens 56 zum Stichtag der Konkurseröffnung müssen unterschiedlich je nach ihrer konkursrechtlichen Behandlung gegliedert werden. Da nicht alle zum Zeitpunkt der Konkurseröffnung bereits bestehenden Verbindlichkeiten Konkursforderung nach § 61 KO sind (insbesondere Masseschulden nach § 59 Abs. 1 Nr. 3 KO), müssen für diese Verbindlichkeiten besondere Konten gebildet werden. Da es sich dabei aber um Verbindlichkeiten handelt, die - anders als die Verfahrenskosten - am Konkursstichtag bereits entstanden sind, sind diese Kosten im Bereich der Klasse 1, nämlich der Finanzkonten, einzustellen. Die notwendige Differenzierung dieser Konten ergibt sich aus dem Umfang des Unternehmens; je nach Bedarf wird man für die einzelnen Positionen des § 59 Abs. 1 Nr. 3 KO eigene Konten bilden, die gegebenenfalls über gesondert einzurichtende Sammelkonten abgeschlossen werden können.

Die Eingabe des Kontenplans ist problemlos, wenn auf ein integriertes Buch- 57 führungssystem zur Handels- und Steuerbilanz sowie zur Konkursrechnungslegung verzichtet wird. Dann läuft die handels- und steuerrechtliche Buchführung nach dem allgemein üblichen Muster, ohne daß im Rahmen dieser Buchführung konkursrechtliche Besonderheiten zu beachten wären.

II. Buchführung

58 In der zweiten, pagatorisch orientierten Konkursbuchführung, die sich auf eine Buchung der Zahlungen beschränkt, brauchen die handels- und steuerrechtlichen Besonderheiten nicht beachtet zu werden. Dort wird der Kontenplan allein entsprechend der Gliederung der Konkursbilanz geordnet, wobei zweckmäßigerweise die Werte der Konkursbilanz in die Bestandskonten des Kontenplans (Klassen 0 bis 3) eingestellt werden, während alle Bewegungsdaten der Konkursbuchführung (Einnahmen und Ausgaben) im Bereich der Kostenkonten (Klassen 4 bis 7) zu verbuchen sind. Bei der Eingabe des Kontenplans im Bereich der Klasse 4 ist darauf zu achten, daß entsprechende Erlöspositionen für mit Drittrechten belastete Vermögensgegenstände vorgesehen werden.

III. Informationsmöglichkeiten durch das Rechnungswesen

1. Gewinnermittlung nach Handels- und Steuerrecht

Wie bereits ausgeführt, ändert die Eröffnung des Insolvenzverfahrens nichts an der handels- und steuerrechtlichen Pflicht zur Führung eines kaufmännischen Rechnungswesens und zur Erstellung von Jahresbilanzen. Das Rechnungswesen muß daher auch in Konkursverfahren in der Weise geführt werden, daß die für Zwecke des Handels- und Steuerrechts erforderlichen Informationen daraus abzuleiten sind. 59

Hat das Unternehmen des Gemeinschuldners auch vor Eröffnung des Konkursverfahrens ein Rechnungswesen unterhalten, das den Grundsätzen ordnungsmäßiger Buchführung entspricht, dürfte es im Regelfall keine Schwierigkeiten bereiten, dieses fortzuführen. Etwa bei Konkurseröffnung noch fehlende Jahresbilanzen sind allerdings notwendigerweise alsbald aufzustellen, da nur bei Erstellung jährlicher Bilanzen der handels- und steuerrechtliche Gewinn ermittelt werden kann. 60

Nicht selten findet der Konkursverwalter bei Konkurseröffnung das Rechnungswesen im Unternehmen des Gemeinschuldners in einem desolaten Zustand vor. Es stellt sich dann häufig die Frage, ob die Unordnung noch rückwirkend korrigiert werden kann oder ob besser ein neues Rechnungswesen mit Beginn des Konkursverfahrens einzurichten ist. Eine Antwort hierauf wird sich nur anhand des jeweiligen Einzelfalles finden lassen. Ist der Zeitraum vor Konkurseröffnung, für den kein ordnungsmäßiges Rechnungswesen vorliegt, vergleichsweise kurz und sind alle Belege bei erster Sicht vollständig vorhanden, wird - insbesondere bei genügender Masse - der Konkursverwalter durchweg versuchen müssen, ein ordnungsgemäßes Rechnungswesen im Anschluß an die letzte ordnungsgemäße Bilanz aufzustellen. Ist dies jedoch nicht mehr möglich, so ist zum Stichtag der Konkurseröffnung das Rechnungswesen auf der Grundlage der im Regelfall ohnehin zu erstellenden Abwicklungs-Eröffnungsbilanz neu einzurichten. Auf der Grundlage des so neu eingerichteten und fortgeführten Rechnungswesens lassen sich dann zum Ende eines jeden Geschäftsjahres Jahresbilanzen aufstellen, die die Grundlage der handelsrechtlichen und steuerrechtlichen Gewinnermittlungspflicht werden können. 61

2. Umsatzsteuer-Voranmeldung

Da die steuerlichen Pflichten des Gemeinschuldners mit Eröffnung des Konkurses vom Konkursverwalter wahrgenommen werden müssen (§ 6 Abs. 2 KO), ist dieser auch verpflichtet, Umsatzsteuer-Voranmeldungen abzugeben (§ 18 Abs. 1 UStG).[30] 62

---

30) *Kuhn/Uhlenbruck*, KO, § 6 Rz. 49; *Geist*, Rz. 118 ff; *Onusseit*, S. 38 ff.

III. Informationsmöglichkeiten durch das Rechnungswesen

63 Die laufenden Umsatzsteuer-Voranmeldungen lassen sich durch ein zweckmäßig eingerichtetes Buchführungssystem relativ leicht und ohne Aufwand ermitteln. Dies gilt insbesondere dann, wenn die Buchführung per Computer erstellt wird. Dabei lassen sich nämlich die in den Rechnungsbeträgen enthaltenen und abziehbaren Vorsteuern im Regelfall entweder über einfache Zusatzschlüssel oder durch automatische Funktionen erfassen und summieren, so daß die Summe der abziehbaren Vorsteuern ohne zusätzlichen Aufwand abgelesen werden kann. Die Umsatzsteuer aus den Umsätzen des Konkursverwalters, insbesondere im Rahmen der Verwertung der Masse, so läßt sich ebenfalls durch die zweckmäßige Einrichtung der Erlöskonten entweder automatisch oder anhand einfacher Rechenoperationen ablesen. Dabei ist darauf zu achten, daß die den Umsatzsteuersätzen entsprechenden Erlösgruppen auch kontenmäßig zugeordnet werden, so daß die jeweiligen Erlöskonten gleichzeitig die Bemessungsgrundlage für Umsatzsteuerzwecke wiedergeben.

64 Ein voll automatisiertes Computer-Buchführungssystem ist darüber hinaus in der Lage, anhand der jeweiligen Konten und der daraus automatisch abgeleiteten Vorsteuer- und Mehrwertsteuerbeträge eine computererstellte Voranmeldung abzurufen. Damit läßt sich die Pflicht zur Erstellung und Abgabe der Umsatzsteuer-Voranmeldung für ein solches System einfach erfüllen, ohne daß ein zusätzlicher Personal- und Kostenaufwand hierfür entsteht.

3. Forderungsprüfung

65 Im Konkursverfahren sind die angemeldeten Konkursforderungen zu prüfen (§§ 138 ff KO). Der Konkursverwalter wird die Berechtigung einer Forderung - insbesondere bei einer Vielzahl von Lieferanten - ohne die Daten der Buchführung kaum prüfen können.

66 Hat das Unternehmen des Gemeinschuldners bei Eröffnung des Konkursverfahrens ein ordnungsmäßiges Rechnungswesen, läßt sich die Forderungsprüfung relativ leicht anhand der Daten des Rechnungswesens durchführen. Da bei der doppelten kaufmännischen Buchführung die Lieferantenverbindlichkeiten auf sogenannte Personenkonten (Kreditoren), im übrigen aber auch alle anderen Verbindlichkeiten des Unternehmens zu verbuchen sind, ergibt der Saldo eines jeden Kreditoren- oder Verbindlichkeitenkontos gleichzeitig den Wert der Konkursforderung dieses Gläubigers. Die im Rahmen eines solchen Rechnungswesens leicht zu erstellende Summen- und Saldenliste ermöglicht daher dem Konkursverwalter ohne Schwierigkeiten, angemeldete Forderungen zu überprüfen. Da auf den Konten der Buchführung des Gemeinschuldners darüber hinaus jeder Rechnungs- und Zahlungsvorgang einzeln verbucht ist, lassen sich auch Unstimmigkeiten im allgemeinen schnell und einfach aufklären. Zur Forderungsprüfung empfiehlt es sich in jedem Fall, auch ein Rechnungswesen, das bei Konkurseröffnung nicht völlig "à jour" ist, bis zum Kon-

kurseröffnungstag fortzuschreiben und zu vervollständigen, um auf diese Weise aussagefähige Kreditorenlisten zur Forderungsprüfung zu erhalten. Die Fortführung der Buchführung für die Zeit nach der Konkurseröffnung ist für diese Prüfung zunächst nicht so bedeutsam, da im allgemeinen Zahlungen auf Konkursforderungen - und damit eine nachträgliche Änderung des Bestands solcher Forderungen - nicht vorkommen.

Läßt sich das Rechnungswesen des Gemeinschuldners bis zum Prüfungstermin nicht aktualisieren, ist der Bestand der Verbindlichkeiten des Gemeinschuldnerunternehmens anhand der offenen Posten des Unternehmens zu ermitteln. Erfahrungsgemäß werden Offene-Posten-Verzeichnisse selbst bei solchen Unternehmen einigermaßen ordentlich geführt, die im übrigen kein ordnungsgemäßes Rechnungswesen haben. Offene-Posten-Verzeichnisse beinhalten regelmäßig die Ordner, in denen die unbezahlten Rechnungen abgelegt sind. Gelegentlich findet man bei diesen Unternehmen auch Rechnungsbücher, in denen außerhalb der normalen kaufmännischen Buchführung alle Eingangsrechnungen eingetragen und die Bezahlungen vermerkt sind. Dies gilt insbesondere für Unternehmungen, die kein ordnungsgemäßes Rechnungswesen haben, da sich solche Unternehmen praktisch bis zum letzten Tag bemühen, den Stand ihrer Verbindlichkeiten in irgendeiner Weise zu erfassen und nachzuhalten. 67

4. Aktualisierung und Fortschreibung der Konkursbilanz

Der Konkursverwalter erstellt zum Stichtag der Konkurseröffnung eine Konkursbilanz gemäß § 124 KO (vgl im einzelnen unten Rz. 440 ff). Für den Konkursverwalter ist es darüber hinaus in vielen Fällen von großer Bedeutung, daß er bereits während des Verfahrens einen Überblick über die Entwicklung der Masse erhält. Dies gilt insbesondere für die massearmen Verfahren, die im Grenzbereich des § 60 KO abgewickelt werden müssen. Insoweit ist es nicht ausreichend, nur zu Beginn des Konkursverfahrens eine Konkursbilanz aufzustellen und das Ergebnis des Verfahrens im Rahmen des Schlußberichts nachzuvollziehen. Vielmehr muß die Konkursbilanz regelmäßig fortgeschrieben werden. 68

Die Einrichtung und Fortführung der doppelten kaufmännischen Buchführung (externe Rechnungslegung) macht es vergleichsweise einfach, die Konkursbilanz (interne Rechnungslegung) fortzuschreiben. 69

Nicht alle Werte der Konkursbilanz ändern sich während des Verfahrens stark oder werden unüberschaubar. Die Wertentwicklung des Anlagevermögens sowie des Warenbestandes läßt sich auch während des Konkursverfahrens vom Konkursverwalter vergleichsweise einfach nachhalten, da diese Vermögensgegenstände im Regelfall nicht im Rahmen einer Einzelveräußerung ver- 70

III. Informationsmöglichkeiten durch das Rechnungswesen

wertet werden. Bei einer Gesamtverwertung solcher Positionen lassen sich die Wertänderungen der in der Konkursbilanz ausgewiesenen freien Masse schnell und einfach fortschreiben, ohne daß man auf weitere Angaben aus dem Rechnungswesen angewiesen wäre.

71 Wesentlich schwieriger nachzuvollziehen sind die Bewertungen im Bereich der Forderungen des Gemeinschuldnerunternehmens. Insbesondere bei mittleren oder größeren Unternehmungen zieht der Konkursverwalter umfangreiche Forderungen ein, ohne daß er im einzelnen zuverlässig feststellen könnte, ob die eingezogenen Forderungen mit den Werten seiner Konkursbilanz übereinstimmen, so daß er die Entwicklung des Vermögens der Konkursmasse nur schwer überschauen kann. Das gleiche gilt in den selteneren Fällen, in denen das Anlagevermögen sowie der Warenbestand im Wege der Einzelveräußerung verwertet werden.

72 Von erheblicher Bedeutung für die Masse und ebenfalls relativ schwer zu übersehen sind darüber hinaus Bestandsveränderungen im Bereich der Drittrechte. Dies gilt insbesondere dann, wenn das Unternehmen des Gemeinschuldners umfangreich im Rahmen eines verlängerten Eigentumsvorbehaltes gearbeitet hat, so daß die Kundenforderungen mit Drittrechten der Lieferanten belegt sind.

73 In allen diesen Fällen kann die Konkursbilanz nur fortgeschrieben werden, wenn die laufenden Zahlungen und Bestandsveränderungen im Rahmen der doppelten kaufmännischen Buchführung verbucht werden. Für diese Fälle ist es daher von großer Bedeutung, daß der Konkursverwalter zeitnah auch für das Konkursverfahren buchen und kurzfristig Zwischenauswertungen aus der Buchführung anfertigen läßt. Im Rahmen solcher Zwischenauswertungen können die Buchwerte der Forderungen des Gemeinschuldnerunternehmens fortgeschrieben werden, da die Salden der jeweiligen Konten bei richtiger Verbuchung den neuen Bestand der Kundenforderungen wiedergeben. Im Laufe des Konkursverfahrens werden die Informationen der Buchführung auch zunehmend genauer, da sich immer besser die Werthaltigkeit der Buchwerte der Forderungen erkennen läßt.

74 Die Wertveränderungen im Bereich des Warenbestandes lassen sich weniger einfach ermitteln. Da die Buchwerte des Warenbestandes grundsätzlich den Anschaffungskosten entsprechen, kann aus den Verkaufserlösen nicht immer auf die Buchwerte geschlossen werden. Besonders schwierig ist dies dann, wenn der Konkursverwalter einen Produktionsbetrieb eine gewisse Zeit fortführt, da eine Kalkulation der Verkaufserlöse und damit eine Rückrechnung auf die Einstandspreise des Warenbestandes im Konkursverfahren in aller Regel nicht möglich ist.

75 Gleichwohl ist es anhand des Rechnungswesens im Regelfall möglich, im Wege der Schätzung den Wert des verbleibenden Warenbestandes aus den

4. Aktualisierung und Fortschreibung der Konkursbilanz

Verkaufserlösen abzuleiten. Unter Umständen muß der Buchwert durch Berücksichtigung etwaiger Produktionslöhne und sonstiger Produktionskosten korrigiert werden.

Je nach Bedeutung des Warenbestandes für die Masse bleibt es dem Konkursverwalter aber regelmäßig - jedenfalls zum handelsrechtlichen Bilanzstichtag - nicht erspart, Inventuren anzuordnen, wenn er ein zutreffendes Bild von dem Bestand und dem Wert der Masse haben will. **76**

Die Fortschreibung der Konkursbilanz läßt sich aus dem Rechnungswesen nicht ohne die Einführung eines zusätzlichen Buchungskreises bewerkstelligen. Die Konkursbilanz, die nicht nur nach Vermögensarten horizontal, sondern auch nach Buchwert, Verkehrs- oder Konkurswert, Drittrechten und freier Masse vertikal gegliedert ist (unten Rz. 465 ff), verlangt vom kaufmännischen Rechnungswesen eine zusätzliche Information. Das normale kaufmännische Rechnungswesen enthält nämlich nur die Buchwerte, nicht aber die Verkehrswerte und auch nicht die Drittrechte. **77**

Das kaufmännische Rechnungswesen im Konkursverfahren kann um Sonderbuchungskreise erweitert werden, durch die jeweils die Verkehrswerte und Drittrechte den einzelnen Bilanzposten zugeordnet werden. Hierzu muß der Kontenplan der handelsrechtlichen Buchhaltung zweckentsprechend erweitert werden. Zum Beispiel müssen die für die Aktiva vorgesehenen Kontengruppen in solche, die die Buchwerte der Vermögensgegenstände aufnehmen, und in solche aufgeteilt werden, in denen die Differenz zwischen Buch- und Liquidationswerten erfaßt wird.[31] Auch ist es erforderlich, die Vermögensgegenstände nach freier Masse und Sicherungsgut zu unterscheiden und die Forderungskonten nach Alt- und Neuforderung und diese wiederum nach zweifelhaft, uneinbringlich, bedingt oder betagt zu unterteilen.[32] **78**

Die Eingabe und Pflege eines solchen Rechnungswesens mit diesen Zusatzbuchungskreisen erfordert eine sorgfältige Handhabung und eine mehr oder minder permanente Abstimmung des Rechnungswesens. Dies gilt insbesondere dann, wenn diese Buchungskreise im Rahmen eines Computer-Systems[33] eingerichtet werden und eine fortgeschriebene Konkursbilanz als Sonderauswertung automatisch erstellt wird. Bringen der Buchhalter und der Konkursverwalter die mit einem solchen Rechnungswesen verbundene Mühe auf, dann haben sie zu jedem Buchungslauf, im Regelfall also monatlich, eine ver- **79**

---

31) Zustimmend *K. Schmidt*, Liquidatiosbilanzen und Konkursbilanzen, S. 76, 95; kritisch *Pink*, S. 228 f.
32) Siehe hierzu das Beispiel von *König*, ZIP 1988, 1003, 1008 ff.
33) Die hier beschriebene Computerbuchführung ist jedoch kein Standard. Man kann sich dazu einer Erweiterung der herkömmlichen Buchführungsprogramme oder dem von Tack entwickelten Insolvenzprogramm "Softex - SI", vorgestellt in: NJW-CoR 6/89, bedienen.

III. Informationsmöglichkeiten durch das Rechnungswesen

gleichsweise gründliche und sorgfältige Fortschreibung der Konkursbilanz, was insbesondere in den Fällen des § 60 KO von erheblicher Bedeutung ist.

80 Die Praxis hat allerdings gezeigt, daß eine solche Harmonisierung zu einer Verkomplizierung führt, was sowohl zusäzliche Fehler als auch nicht unerhebliche Verzögerungen zur Folge haben kann.[34] Die Konkursbilanz kann auch in einem wesentlich einfacheren System fortgeführt werden, wobei allerdings der Aussagegehalt und die Kontrollmöglichkeit erheblich geringer sind. Bei diesem vereinfachten System wird die kaufmännische Buchführung nach Handels- und Steuerrecht ohne Berücksichtigung konkursrechtlicher Besonderheiten eingerichtet und fortgeführt. Für Zwecke der konkursrechtlichen Rechnungslegung und der Fortschreibung der Konkursbilanz wird eine zweite Buchführung eingerichtet, die kameralistische Elemente enthält und pagatorisch aufgebaut ist (Einnahmen- und Ausgabenrechnung). In dieser von der kaufmännischen Buchführung völlig getrennten Buchführung werden alle Bestände der Konkursbilanz mit ihrem Massewert als Bestand in die entsprechenden Sachkonten eingegeben. Diese Buchungsvorgaben entsprechen den kameralistischen Sollvorgaben und werden während der Dauer des Konkursverfahrens außer bei Korrekturen nicht mehr geändert. Im Rahmen der laufenden Buchführung werden nur die Geldkonten des Konkursverwalters gebucht, wobei diese Buchung allerdings in der Technik der doppelten Buchführung erfolgt. Die Kontenzuordnung dieser Verbuchung der Zahlungsvorgänge berücksichtigt die konkursrechtlichen Vermögens- und Verbindlichkeitenpositionen, so daß jedes Sachkonto einer Position der Konkursbilanz entspricht. Der Saldo dieser Konten ergibt mithin die Wertänderungen gegenüber der Konkursbilanz und ermöglicht auf diese Weise eine Fortschreibung der Konkursbilanz zu den gewünschten Terminen.

81 Da diese Buchführung im wesentlichen als pagatorische Buchführung geführt wird, läßt sie sich mit geringem Aufwand praktizieren, so daß Fortschreibungen der Konkursbilanz ohne weiteres möglich sind. Der Nachteil dieser einfachen Buchführung besteht allerdings darin, daß Bestandskontrollen und Vermögensveränderungen außerhalb von Zahlungsvorgängen nicht oder nur schwer nachvollzogen werden.

82 Das Muster einer per EDV erstellten Fortschreibung der Konkursbilanz ist in vereinfachter Form nachstehend wiedergegeben:

---

[34] Siehe auch *Kuhn/Uhlenbruck*, KO, § 124 Rz. 1; vgl. zum Meinungsstand des Harmonisierungsstreits: *Pink*, ZIP 1997, 344, und *E. Braun*, ZIP 1997, 1013; *Heni*, WPg 1990, 93 und 203, und die Anmerkung dazu von *Niethammer*, WPg 1990, 202; *Pink*, S. 223 ff.

4. Aktualisierung und Fortschreibung der Konkursbilanz

Muster 1

Konkursstatus zum 31. August 1996

Konkursverfahren: Konkursverwalter:

Zeile	Bezeichnung	Wert DM	Neue Bewertung[*]
101	Liquide Mittel (Geldkonten)	1.775.292,24	
104	Ausstehende Einlagen		
107	Grund und Boden		
110	Gebäude, Aufbauten	1.252.000,--	
113	Maschinen		
116	Fahrzeuge		
119	Betriebs- und Geschäftsausstattung		
122	Beteiligungen, Rechte		
125	Langfristige Forderungen		
126	Summe Anlagevermögen		
129	Besitzwechsel, Schecks, Wertpapiere		
132	Forderungen Lieferungen/Leistungen		
135	Sonstige Forderungen	219,45	
136	Durchlaufende Posten		
140	Warenbestand	-,--	
144	Sonstiges Vermögen	346,21	
145	Summe Vermögen	3.027.857,90	
148	./. Aussonderung	1.211.141,86	
152	./. Absonderung	-,--	
153	Restvermögen	1.816.716,04	

[*] Die Spalte „Neue Bewertung" dient dazu, die für die Buchhaltung notwendigen Informationen für eine Neubewertung durch den Konkursverwalter, z. B. beim Anlagevermögen, dem Warenbestand oder den Forderungen, aufzunehmen.

III. Informationsmöglichkeiten durch das Rechnungswesen

	Übertrag:		1.816.716,04
159	./. offene Masseschulden § 59 Abs. 1 Nr. 1, 2 KO		286.192,69
160	Restvermögen I		1.530.523,35
161	Quote von Zeile 159	100 %	
164	./. offene Massekosten § 58 Nr. 1, 2 KO		805,87
165	Restvermögen II		1.529.712,48
166	Quote von Zeile 164	- %	
169	./. offene Masseschulden § 59 Abs. 1 Nr. 3, 4 KO		-,--
170	Restvermögen III		1.529.712,48
171	Quote von Zeile 169	- %	
174	./. offene Massekosten § 58 Nr. 3 KO		-,--
175	Restvermögen IV		1.529.712,48
176	Quote von Zeile 174	- %	
179	./. Konkursforderung § 61 Nr. 1 KO		13.200,--
180	Restvermögen V		1.516.517,48
181	Quote von Zeile 179	100 %	
184	./. Konkursforderung § 61 Nr. 2 KO		136.603,27
185	Restvermögen VI		1.379.914,21
186	Quote von Zeile 184	100 %	
189	Konkursforderung § 61 Nr. 3 - 5 KO		-,--
190	Restvermögen VII		1.379.914,21
191	Quote von Zeile 189	- %	
194	./. Konkursforderung § 61 Nr. 6 KO		1.865.407,56
195	Restvermögen VII (Überschuldung)		485.493,35
196	Quote von Zeile 194	74 %	

4. Aktualisierung und Fortschreibung der Konkursbilanz

Im Schrifttum wird im Hinblick auf eine Harmonisierung der konkurs-, handels- und steuerrechtlichen Rechnungslegung des Insolvenzverwalters in einem integrierten Rechensystem danach unterschieden, ob das insolvente Unternehmen sofort zerschlagen wird oder ob der Verwalter es zunächst fortführt.[35] 83

Bei sofortiger **Zerschlagung** durch den Insolvenzverwalter hat der Verwalter danach eine handelsrechtliche Schlußbilanz der werbenden Gesellschaft aufzustellen, eine Gewinn- und Verlustrechnung, einen Anhang und einen Lagebericht, um das Ergebnis des Wirtschaftsjahres bis zur Konkurseröffnung festzustellen. Gleichzeitig fertigt er eine handelsrechtliche Eröffnungsbilanz als Vermögensermittlungsbilanz nach § 270 Abs. 1 AktG, § 71 Abs. 1 GmbHG, § 155 InsO an, die die Konkurseröffnungsbilanz nach § 124 KO, § 153 InsO aufgrund ihres gleichen Inhalts ersetzen kann. Eine zweite Konkurseröffnungsbilanz entfällt. Die handelsrechtliche Eröffnungsbilanz ist um einen Erläuterungsbericht zu ergänzen. Während des Konkursverfahrens erstellt der Insolvenzverwalter in Jahresabständen eine handelsrechtliche Zwischenbilanz, eine Gewinn- und Verlustrechnung, einen Anhang und einen Lagebericht (§ 270 Abs. 1 AktG, § 71 Abs. 1 GmbHG, § 155 InsO). Die externe Zwischenbilanz ist geeignet, die internen Berichtspflichten des Verwalters (§ 132 Abs. 2 KO, § 66 Abs. 3 InsO) zu erfüllen, so daß zusätzliche Zwischenberichte entfallen. 84

Bei Abschluß des Konkursverfahrens ist die externe handelsrechtliche Schlußbilanz als fortentwickelte Eröffnungsbilanz in der Lage, die Konkursschlußbilanz zu ersetzen. Eine Konkursschlußbilanz als Bestandsrechnung ist folglich nicht mehr aufzustellen. Auf eine eigenständige Konkursbuchführung wird vollständig verzichtet, da eine den gesamten Abwicklungszeitraum umfassende handelsrechtliche Gewinn- und Verlustrechnung bereits sämtliche Geschäftsvorfälle während des Verfahrens erfaßt und auch den Anforderungen an eine ordnungsgemäße Schlußrechnung nach § 86 KO/§ 66 InsO gerecht wird. 85

Bei zeitweiliger **Fortführung** des insolventen Unternehmens ist eine Harmonisierung der handelsrechtlichen Eröffnungsbilanz mit der Konkurseröffnungsbilanz nicht möglich, weil beide Rechenwerke einen unterschiedlichen Zweck verfolgen und folglich im Ansatz voneinander abweichen und auch in der Bewertung der Vermögensgegenstände nicht identisch sind. Der Verwalter ist aus diesem Grunde verpflichtet, neben der handelsrechtlichen Eröffnungsbilanz einen Vermögensstatus (Konkurseröffnungsbilanz nach § 124 KO/§ 153 InsO) zu erstellen. In der Fortführungsperiode ist der Verwalter gemäß § 270 AktG, § 71 GmbHG oder § 155 InsO verpflichtet, in regelmäßigen Abständen von zwölf Monaten eine handelsrechtliche Zwischenbilanz, einen Anhang und einen Lagebericht aufzustellen. Dabei kann eine Harmonisierung beider Re- 86

---

35) *Karsten Schmidt*, S. 91 ff; *Pink*, S. 229 ff.

chenwerke erreicht werden können. Zum Zeitpunkt der Betriebseinstellung fertigt der Verwalter eine Schlußbilanz der werbenden insolventen Gesellschaft, einen Anhang und einen Lagebericht an, um das Ergebnis der letzten Fortführungsperiode zu bestimmen. Hier besteht kein Harmonisierungsproblem, da der externen Schlußbilanz kein internes Rechenwerk gegenübersteht.

87 Zum Abschluß des Konkursverfahrens ersetzt die handelsrechtliche Schlußbilanz die Konkursschlußbilanz. Auf eine zweite Konkursschlußbilanz kann dann verzichtet werden. Eine Einnahmen- und Ausgabenrechnung ist zur Erfüllung einer ordnungsgemäßen Schlußrechnung (§ 86 KO, § 66 InsO) nicht erforderlich, sondern kann durch eine den gesamten Abwicklungszeitraum umfassende handelsrechtliche Gewinn- und Verlustrechnung substituiert werden.

88 Auf der Grundlage der geltenden Vorschriften wie auf der Grundlage der Insolvenzordnung ergibt sich keine dogmatische Notwendigkeit, unter bestimmten Voraussetzungen die konkurs-, handels- und steuerrechtliche Rechnungslegung zu harmonisieren. Die Frage der Harmonisierung stellt sich vielmehr nur, wenn neben der handels- und steuerrechtlichen Rechnungslegung zusätzlich eine Einnahmen- und Ausgabenrechnung aus Gründen der internen Rechnungslegung für sinnvoll gehalten wird. Für diesen Fall sollte ausschließlich nach Gesichtspunkten der Praktikabilität entschieden werden, ob ein integriertes Rechensystem unterhalten wird oder ob verschiedene Rechensysteme geführt werden

5. Masseschuldentabelle

89 In allen Konkursverfahren, insbesondere wenn sie massearm sind, fallen Masseschulden an, die vom Konkursverwalter nicht sofort bezahlt werden können. Dies gilt in erster Linie für Lohnansprüche und Nebenforderungen von freigestellten Arbeitnehmern für die Zeit nach Konkurseröffnung. Diese auch als gesetzliche Masseschulden bezeichneten Verbindlichkeiten sind zu unterscheiden von den Masseverbindlichkeiten, die durch Handlungen des Konkursverwalters entstehen (sogenannte gewillkürte Masseverbindlichkeiten) und deren Erfüllung der Konkursverwalter im Regelfall dem Vertragspartner garantieren muß (z. B. die Honoraransprüche des Steuerberaters für Buchführungs- und Bilanzierungsleistungen nach Eröffnung des Konkursverfahrens). Während die gewillkürten Masseverbindlichkeiten im Regelfall keine buchhaltungsmäßigen Probleme mit sich bringen, da sie üblicherweise vom Konkursverwalter aus der Konkursmasse sofort bezahlt werden, ist dies für die gesetzlichen Masseschulden nicht immer der Fall. Diese lassen sich oft erst im Laufe des Verfahrens ermitteln und nach Realisierung der Masse ganz oder anteilig bezahlen.

6. Schlußrechnung

Es ist daher für den Konkursverwalter von großer Bedeutung, die Höhe und 90
den Bestand solcher Masseschulden, die nicht sofort bezahlt werden können,
zu erfassen. Übersieht der Konkursverwalter nämlich eine Position und leistet
er infolge dieses Versehens Zahlungen auf Konkursforderungen, dann besteht
immer das Risiko, daß wegen der dann nicht mehr vorhandenen Masse der
Konkursverwalter in persönliche Haftung für die Masseverbindlichkeiten genommen wird.

Im Rahmen des laufenden Rechnungswesens sind daher die gesetzlichen Mas- 91
seschulden zu verbuchen, was sowohl im Rahmen der vereinfachten pagatorischen Konkursbuchführung erfolgen kann als auch im Rahmen des vollen
kaufmännischen Rechnungswesens. Für diese Positionen sind Sonderkonten
einzurichten und durch entsprechende Gruppierung sichtbar zu machen.

6. Schlußrechnung

Bei Beendigung des Konkursverfahrens hat der Konkursverwalter Schlußrech- 92
nung zu legen (§§ 86, 162 KO). Die Schlußrechnung schließt an die Konkurseröffnungsbilanz an und gibt Gläubigern, Konkursgericht und dem Gemeinschuldner Aufschluß über die Verwaltungs- und Verwertungstätigkeit des
Konkursverwalters (vgl. im einzelnen unten Rz. 503 ff).

Die Schlußrechnung betrifft nur die Rechnungslegung des Verwalters und ist 93
von der handelsrechtlichen Rechnungslegung der insolventen Gesellschaft getrennt.[36] Sie dient nach §§ 124, 132, 86 KO ausschließlich dem Zweck, die
Geschäftsführung und die Konkursabwicklung des Verwalters darzustellen
und eine ordnungsgemäße Überprüfung durch das Gericht und die Gläubiger
zu ermöglichen. Die Schlußrechnung ist ein reiner Tätigkeitsbericht.[37] Sie
bleibt daher von der handels- und steuerrechtlichen Rechnungslegung getrennt
(oben Rz. 25 f), so daß zweigleisig eine konkurs- und eine handels-/steuerrechtliche Rechnungslegung vorliegt.[38]

Um ein besonderes Rechnungswesen nur zur Erstellung dieses Schlußberich- 94
tes zu vermeiden, ist das laufende Rechnungswesen durch entsprechende Konten so zu gliedern, daß die Daten für diesen Schlußbericht unmittelbar aus den
Kontensalden gewonnen werden können. Im Rahmen des vollkaufmännischen
Rechnungswesens, das durch Computer erstellt wird, kann dies dadurch erreicht werden, daß alle Zahlungsbuchungen mit Zusatzsymbolen versehen und
vom Computer auf Sonderkonten gespeichert werden.

---

36) *Kuhn/Uhlenbruck*, KO, § 86 Rz. 1.
37) *Karsten Schmidt*, S. 78; *Förster*, S. 31; *Veit*, S. 195 f.
38) *Karsten Schmidt*, S. 70 ff, nennt dies "duale" Betrachtung; vgl. auch *Kilger/Karsten Schmidt*, KO, § 124 Anm. 1.

III. Informationsmöglichkeiten durch das Rechnungswesen

95 Bei der einfachen pagatorischen Konkursbuchführung ist dies ohne zusätzlichen Aufwand aus den jeweiligen Konten abzulesen, da dort die Konten den entsprechenden Positionen der Konkursbilanz gegenüberstehen. Im Rahmen einer doppelten kaufmännischen Buchführung muß das System um Zwischenrechnungen ergänzt werden, die die Teilungsmasse ergeben, einen Wert, der insbesondere für das Honorar des Konkursverwalters von erheblicher Bedeutung ist.

96 Die anhand eines Computer-Programms erstellte vereinfachte Form einer Auswertung mit Daten zum Schlußbericht ist nachstehend wiedergegeben:

Muster 2

Einnahmen- und Ausgabenrechnung

Konkursverfahren: Monat August 1996

Schlüssel	Bezeichnung		lfd. Monat DM	aufgel. Werte DM
	Einnahmen			
100	Erlöse	Bankguthaben und Kassenbestand des Gemeinschuldners		585,80
105	"	Grundstücksverkäufe	2.248.000,--	2.248.000,--
110	"	Veräußerg. sonstiger Betriebseinrichtungen.		
120	"	Veräußerung Geschäftsausstattung	90.400,--	90.400,--
130	"	Verwertung von Waren, Halbfabrikaten, Fertigerzeugnissen		
140	"	eingezogene Forderungen	21,82	21,82
150	"	sonstige Verwertungen	5.017,04	5.017,04
160	"	Neuproduktion		
170	"	Neuwaren		
180	"	eingezogene Forderungen/Drittrechte		
190	"	Kfz-Verwertungen		
200	"	Maschinenverwertungen		
250	"	sonstige (Fremdgeld, unklare Einnahmen u. ä.)		
	Summe	Einnahmen	<u>2.343.438,86</u>	<u>2.344.024,66</u>

6. Schlußrechnung

Ausgaben

300	Aussonderung (nur Geldkonten)		
310	Absonderung (nur Geldkonten)	485.947,33	485.947,33
320	§ 59 Abs. 1 Nr. l, 2 Masseschulden (allg. Verwaltung)	81.296,10	81.296,10
330	§ 59 Abs. 1 Nr. 1, 2 Masseschulden Betriebsfortführung (Löhne)		
340	§ 59 Abs. 1 Nr. 1, 2 Masseschulden Betriebsfortführung (Material/Waren)		
350	§ 59 Abs. 1 Nr. 1, 2 Masseschulden Betriebsfortführung (Steuern)		
360	§ 59 Abs. 1 Nr. 1, 2 Masseschulden Betriebsfortführung (Miete/Pacht)		
370	§ 58 Nr. 1, 2 Massekosten (Gerichts- u. Verwaltungskosten)	1.000,--	1.000,--
380	§ 59 Abs. 1 Nr. 3 MS (Löhne)	72,99	
390	§ 59 Abs. 1 Nr. 4 MS (unger. Ber.)		
395	§ 58 Nr. 3 MK (Unterstützung)		
400	§ 61 Nr. 1 KF (Löhne, Sozialplan)		
410	§ 61 Nr. 2 KF (öffentl. Abgaben)		
420	§ 61 Nr. 3-5 KF (Kirchen, Ärzte, Kinder)		
430	§ 61 Nr. 6 KF (übrige)		
450	sonstige (Fremdgeld, unklare Ausgaben u. ä.)	416,--	416,-
	Summe Ausgaben	__568.659,43__	__568.732,42__

	Überschuß (Einnahmen./. Ausgaben)	__1.774.779,43__	__1.775.292,24__
	Bestandskontrolle Summe Anderkonten		
	Kasse und Geldtransit	-,--	__1.775.292,24*__

*) Durchlaufende Posten

500	Durchlaufende Posten (Geldtransit)
1000	Durchlaufende Posten (Saldenkorrektur)

DM	75.292,24	Deutsche Bank Kto. XX
DM	1.700.000,--	Deutsche Bank Kto. Festgeld YY
DM	1.775.292,24	

III. Informationsmöglichkeiten durch das Rechnungswesen

7. Informationsmöglichkeiten für das Gesamtvollstreckungsverfahren

97 Auch nach der Gesamtvollstreckungsordnung ist das externe Rechnungswesen eine maßgebliche Informationsgrundlage. Aus ihm sind die Daten für das nach § 3 GesO aufzustellende Vermögensverzeichnis abzuleiten. Darüber hinaus kann das Vermögensverzeichnis (§ 11 GesO), aus dem Rechnungswesen abgeleitet werden. Das Rechnungswesen bietet die Möglichkeit zur Fortschreibung dieser Aufzeichnungen zur Forderungsprüfung und -feststellung sowie zur Erstellung eines Schlußverzeichnisses und eines Abschlußberichts (§ 18 Abs. 4 GesO). Darüber hinaus können die steuerlichen Pflichten nach der Gesamtvollstreckungsordnung ebenso wie nach der Konkursordnung nur erfüllt werden, wenn ein funktionsfähiges Rechnungswesen existiert.

8. Informationsmöglichkeiten für das Verfahren nach der Insolvenzordnung

98 Das Rechnungswesen wird auch für das künftige Insolvenzrecht maßgebliche Informationsgrundlage sein. Auch künftig ist eine Konkurseröffnungsbilanz zu erstellen, in der die Gegenstände der Insolvenzmasse und die Verbindlichkeiten des Schuldners aufgeführt und einander gegenübergestellt werden, § 153 Abs. 1 InsO. Sie basiert auf dem Verzeichnis der Massegegenstände, das die Anzahl und den Wert der Massegegenstände enthält, gegebenenfalls unterteilt nach Fortführungs- und Liquidationswerten (§ 151 Abs. 1 InsO), sowie auf dem Gläubigerverzeichnis (§ 152 InsO). Das Rechnungswesen bietet dieselben Möglichkeiten wie nach dem bisherigen Recht, diese Konkurseröffnungsbilanz fortzuschreiben und daraus eine Zwischenrechnung gemäß § 66 Abs. 3 InsO oder die Schlußrechnung nach § 66 Abs. 1 InsO abzuleiten. Auch die Forderungsprüfung und -feststellung (§ 176 InsO) ist nur anhand der Daten des Rechnungswesens problemlos möglich.

99 Die Rechnungslegung bietet dem Insolvenzverwalter aber noch für ein Instrument Informationsmöglichkeiten, das es nach der Konkursordnung nicht gab: Der **Insolvenzplan** (§§ 217 ff InsO) soll die bestmögliche Gläubigerbefriedigung ermöglichen. Er ersetzt Vergleich und Zwangsvergleich und gilt als Kernstück der Insolvenzrechtsreform. Der Insolvenzplan soll sämtlichen Beteiligten einen Rechtsrahmen für eine einvernehmliche Insolvenzbewältigung durch Verhandlungen und privatautonome Entscheidungen außerhalb der gesetzlichen Regelungen bieten. Der vom Insolvenzverwalter aufzustellende Insolvenzplan besteht aus einem darstellenden und einem gestaltenden Teil.[39]

---

39) Vgl. *Hermanns/Buth*, DStR 1997, 1178 m. w. N.; *Maus*, in: Kölner Schrift zur Insolvenzordnung, S. 707 ff Rz. 28 ff.

8. Informationsmöglichkeiten für das Verfahren nach der Insolvenzordnung

In dem **darstellenden Teil** (§ 220 InsO) werden die Maßnahmen beschrieben, die nach Eröffnung des Verfahrens getroffen worden sind oder noch getroffen werden sollen, um die Grundlagen für die geplante Gestaltung der Rechte der Beteiligten zu schaffen. Der **gestaltende Teil** (§ 221 InsO) legt fest, wie die Rechtsstellung der Beteiligten durch den Plan geändert werden soll. Wenn Gläubiger mit unterschiedlicher Rechtsstellung beteiligt sind, sind entsprechende Gruppen zu bilden. Dabei ist gemäß § 222 InsO zu unterscheiden zwischen den Absonderungsberechtigten, den einfachen Insolvenzgläubigern und den nachrangigen Insolvenzgläubigern. Weiter sollen auch unterschiedliche wirtschaftliche Interessen der Gläubiger zu einer anderweitigen Gruppenbildung führen. Grundlage der hierzu aufzunehmenden Informationen wird vor allem die handels- und steuerrechtliche Rechnungslegung, aber auch die daraus abgeleitete konkursrechtliche Rechnungslegung sein, insbesondere das Verzeichnis der Massegegenstände und das Gläubigerverzeichnis.[40]

100

Soweit im Rahmen des Insolvenzplans eine Vergleichsrechnung zu erstellen ist, die die Befriedigungsquote im Falle der Verwirklichung des Insolvenzplans abgibt, wird diese ebenfalls auf der Grundlage des Verzeichnisses erstellt,[41] das letztlich aus dem Rechnungswesen abgeleitet wird, sofern dieses aussagekräftig ist. Das Rechnungswesen wird es aber vor allem ermöglichen, ständig zu kontrollieren, ob der Insolvenzplan auch eingehalten wird.

101

---

40) *Burger/Schellberg*, DB 1994, 1833, 1834.
41) *Burger/Schellberg*, DB 1994, 1833, 1834.

IV. Erstellung des handelsrechtlichen Jahresabschlusses

1. Bilanz

a) Liquidationsbilanz

102 Die handelsrechtliche Rechnungslegung für Gesellschaften, die sich in Abwicklung befinden, ist für die AG/KGaA und die GmbH ausdrücklich in § 270 AktG, § 71 Abs. 1 - 3 GmbHG geregelt. Danach sind eine Liquidations-Eröffnungsbilanz in entsprechender Anwendung der Vorschriften über den Jahresabschluß, laufende Liquidations-Jahresabschlüsse sowie eine Schlußrechnung zu erstellen.[42] Außerdem ist nach herrschender Meinung auf den Tag vor Beginn der Abwicklung eine Schlußbilanz der werbenden Kapitalgesellschaft aufzustellen.[43] Nach heute herrschender Ansicht handelt es sich bei den Liquidationsbilanzen um modifizierte Erfolgsbilanzen.[44]

103 Bis zur Änderung des § 270 AktG und § 71 GmbHG war das Verhältnis zwischen den Liquidationsbilanzen und den Handelsbilanzen nicht abschließend geklärt. Insbesondere war nicht eindeutig geregelt, ob neben den Liquidationsbilanzen auch herkömmliche Handelsbilanzen aufzustellen sind. Durch die neue Regelung in § 270 AktG, § 71 GmbHG, die eine entsprechende (bei der Liquidationsbilanz-Eröffungsbilanz) oder eine unmittelbare (bei den laufenden Liquidations-Jahresabschlüssen) Anwendung der Vorschriften über den handelsrechtlichen Jahresabschluß fordert und die im übrigen den Besonderheiten der Liquidation ausreichend Rechnung trägt, wird jedoch erkennbar, daß die Liquidations-Rechnungslegung die handelsrechtliche Rechnungslegung der werbenden Gesellschaft ersetzt.

104 Daneben besteht durchaus auch weiterhin Raum für diejenige Rechnungslegung der Liquidation, die *Karsten Schmidt* „Liquidationsbilanzen i. e. S.",[45] nennt. Mit dieser besonderen Rechnungslegung wird

- die Dokumentation der Vermögensverhältnisse,
- die Information über den Stand der Abwicklung und das zu erwartende Liquidationsergebnis und
- die Rechenschaft der Liquidatoren

angestrebt.

---

42) Vgl. zu den Einzelheiten: *Budde/Förschle*, Rz. K 80 ff.
43) Vgl. BFH, Urt. v. 17. 7. 1974 - I R 233/71, BStBl 1974 II, 692; *Kraft*, in: Kölner Komm. z. AktG, § 270 Rz. 16; *Hachenburg/Hohner*, GmbHG, § 71 Rz. 7; *Scherrer/Heni*, S. 44.
44) *Küting/Weber*, § 71 Rz. 5; *Förster*, S. 19 f; *Lutter/Hommelhoff*, GmbHG, § 71 Rz. 2; *Scholz/Karsten Schmidt*, GmbHG, § 71 Rz. 6.
45) *Karsten Schmidt*, S. 47; im Anschluß an *Forster*, in: Festschrift Knorr, S. 19; *Scherrer/Heni*, S. 22.

1. Bilanz

Diese Rechnungslegung wird von § 270 AktG, § 71 GmbHG nicht erfaßt. Es **105** handelt sich um interne Rechnungslegungspflichten, die die Liquidatoren in der Regel in der Weise erfüllen, daß sie den Erläuterungsbericht entsprechend ausführlich gestalten und hierin über Vermögensstand und Liquidationsplan berichten.[46]

Für Personenhandelsgesellschaften sehen die §§ 154, 161 HGB die Erstellung **106** einer Liquidations-Eröffnungsbilanz und einer Liquidations-Schlußbilanz vor. Weitere Einzelheiten sind - anders als bei den Kapitalgesellschaften - nicht gesetzlich geregelt. Aus §§ 154, 161 HGB kann nicht abgeleitet werden, daß es sich insoweit ausschließlich um Vorschriften handelt, die die interne Rechnungslegung beider Liquidatoren regeln und die Aufstellung einer Vermögensbilanz erfordern. Diese Auffassung, die noch immer der herrschenden Meinung entspricht,[47] wurde vor dem Inkrafttreten des Bilanzrichtliniengesetzes entwickelt, als § 270 AktG, § 71 Abs. 1 - 3 GmbHG noch nicht galten und die Rechnungslegung im Falle der Liquidation nicht eindeutig geregelt war. Mit der Änderung des Handelsgesetzbuches durch das Bilanzrichtliniengesetz und den klaren Regeln in § 270 AktG, § 71 Abs. 1 - 3 GmbHG gewinnen die §§ 154, 161 HGB jedoch eine neue und durchaus systemkonforme Bedeutung. Ebenso wie bei der GmbH und AG eine Liquidations-Eröffnungs- und -Schlußbilanz nach handelsrechtlichen Vorschriften zu erstellen ist, muß auch bei den Personenhandelsgesellschaften eine Liquidations-Eröffnungs- und Schlußbilanz nach handelsrechtlichen Vorschriften erstellt werden. Die Vorschriften, die dies anordnen, sind §§ 154, 161 HGB. Sie haben diesen Sinngehalt spätestens mit der Änderung des Handelsgesetzbuches durch das Bilanzrichtliniengesetz erhalten. Es wäre systemwidrig, die externe Rechnungslegung im Falle der Liquidation bei Kapitalgesellschaften in § 270 AktG, § 71 Abs. 1 - 3 GmbHG und bei Personenhandelsgesellschaften in den allgemeinen Vorschriften der §§ 242 f HGB geregelt zu sehen, obwohl für Personengesellschaften in § 154 HGB eine entsprechende Regelung wie § 270 AktG, § 71 Abs. 1 - 3 GmbHG vorzufinden ist.

§§ 154, 161 HGB müssen schon deswegen für die externe Rechnungslegung **107** gelten, da mit Beginn der Liquidation wegen des geänderten Geschäftszwecks ein neues Geschäfts- oder Rumpfgeschäftsjahr beginnt.

Unerheblich ist es, daß in §§ 154, 161 HGB kein Hinweis auf die entspre- **108** chende Geltung der handelsrechtlichen Vorschriften für die Eröffnungsbilanz aufgenommen wurde, wie er in § 270 AktG, § 71 Abs. 1 - 3 GmbHG vorzufinden ist. Einer solchen Ergänzung bedurfte es nicht, da Personenhandelsge-

---

46) *Scholz/Karsten Schmidt,* GmbHG, § 71 Rz. 33.
47) *Baumbach/Hopt,* HGB, § 154 Rz. 2; *Förschle/Deubert,* in: Budde/Förschle, Rz. K 10, sowie *Scherrer/Heni.* DStR 1992, 797, 798; *dies.,* S. 150.

IV. Erstellung des handelsrechtlichen Jahresabschlusses

sellschaften nicht die für der Rechnungslegung von Kapitalgesellschaften geregelten Besonderheiten (Anhang, Offenlegung, Prüfungspflicht etc.) aufweisen.

109 Personenhandelsgesellschaften sind darüber hinaus auch während des Stadiums der Abwicklung nach den allgemeinen Vorschriften der §§ 242 ff HGB rechnungslegungspflichtig und haben laufende Liquidationsbilanzen zu erstellen.[48]

110 Unabhängig davon bestehen auch bei Personenhandelsgesellschaften im Stadium der Liquidation besondere Rechnungslegungspflichten der Liquidatoren, um deren Informations- und Dokumentationspflichten Rechnung zu tragen. Sie folgen - entgegen der herrschenden Meinung - nicht aus §§ 154, 161 HGB, sondern aus dem gesetzlichen Auftrag der Liquidatoren und werden in der Praxis - wie bei Kapitalgesellschaften - gemeinsam mit den laufenden handelsrechtlichen Rechnungslegungspflichten erfüllt.

111 Für Einzelkaufleute existieren keine speziellen Vorschriften. Die allgemeinen Vorschriften der §§ 238 ff HGB sind jedoch nicht außer Kraft gesetzt, so daß auch sie, soweit ihr Unternehmen liquidiert wird, rechnungslegungspflichtig sind.

b) **Konkursbilanzen**

112 In bezug auf Kapitalgesellschaften wird die Auffassung vertreten, die Liquidations-Rechnungslegung i. S. d. § 270 AktG, § 71 Abs. 1 - 3 GmbHG gelte nur außerhalb eines Konkursverfahrens. Sie sei nur maßgebend, wenn eine GmbH durch Beschluß der Gesellschafter, durch Zeitablauf oder durch Urteil oder Verfügung des Registergerichts aufgelöst worden sei.[49] Diese Auffassung wird jedoch dem Wortlaut von § 270 AktG, § 71 Abs. 1 - 3 GmbHG nicht gerecht. Sie beruft sich ohne nähere Begründung auf Äußerungen der Rechtsprechung zum früher geltenden Recht und läßt unberücksichtigt, daß nach Handelsrecht Buchführungs- und Bilanzierungspflicht bestehen und damit § 270 AktG, § 71 Abs. 3 GmbHG ohne Alternative auch für Insolvenzverfahren gelten müssen. Im übrigen setzt sie voraus, daß die Regelung in der Konkursordnung eine Spezialvorschrift zum Handelsgesetzbuch darstellt. Dabei bleibt unberücksichtigt, daß der Gesetzgeber bei der Kodifizierung der Konkursordnung von der Entwicklung des kaufmännischen Rechnungswesens keine Vorstellung hatte. Die Motive zeigen, daß er insoweit einer Rechtsentwick-

---

48) *Karsten Schmidt*, S. 75; *Schlegelberger/Karsten Schmidt*, HGB, § 145 Rz. 14 ff; *Scherrer/Heni*, S. 137; a. A. *Baumbach/Hopt*, HGB, § 154 Rz. 4.
49) Vgl. *Küting/Weber*, § 71 GmbHG Rz. 1; *Hachenburg/Hohner*, GmbHG, § 66 Rz. 7.

1. Bilanz

lung nicht vorgreifen wollte und auf eine ausdrückliche Regelung bewußt verzichtet hat.[50]

Im Ergebnis bedeutet dies, daß die Vorschriften des Handelsgesetzbuches über die Rechnungslegung im Stadium der Abwicklung bei Kapitalgesellschaften, Personengesellschaften und Einzelunternehmen auch im Falle eines Konkurses gelten. **113**

Die zusätzlichen Rechnungslegungspflichten, die die Konkursordnung aufstellt, regeln lediglich die besondere interne Rechnungslegung zur Erfüllung der speziellen Informations- und Dokumentationsbedürfnisse eines Konkursverfahrens. Diese besonderen Rechnungslegungspflichten sind daher im Falle des Konkurses formalisiert, während sie im Stadium der Liquidation entsprechend den Informationsbedürfnissen der Beteiligten vom Liquidator nach seinem Ermessen flexibler gestaltet werden können. **114**

Die Unterscheidung zwischen handelsrechtlicher und insolvenzrechtlicher Rechnungslegung führt somit zu einer dualen Betrachtungsweise, die nach anfänglichen Zweifeln inzwischen anerkannt ist.[51] **115**

c) Inventur
aa) Inventarisierungspflicht

Voraussetzung für die Erstellung einer Handelsbilanz ist die körperliche Bestandsaufnahme des Betriebsvermögens (Inventur), die ihren schriftlichen Niederschlag in einem Verzeichnis findet, das als Inventar bezeichnet wird. **116**

Unabhängig von der Inventarisierungspflicht des Konkursverwalters für den Zeitpunkt der Konkurseröffnung (§ 124 KO, zusätzlich § 240 Abs. 2 HGB für Personenhandels- und Kapitalgesellschaften) hat der Konkursverwalter wie jeder Kaufmann nach § 240 Abs. 2 Satz 1 HGB auch für den Schluß eines jeden Geschäftsjahres ein Inventar aufzustellen und daraus die Bilanz des Betriebsvermögens abzuleiten. **117**

Die Inventarisierungspflicht besteht auch für steuerliche Zwecke im Rahmen der allgemeinen Buchführungspflicht gemäß § 140 AO in Verbindung mit § 34 Abs. 3 AO.[52] Sie entfällt auch nicht, wenn dem Konkursverwalter die Er- **118**

---

50) *Hahn*, S. 346; *Kuhn/Uhlenbruck*, KO, § 6 Rz. 46m.
51) Die duale Betrachtungsweise wurde zunächst von *Hundertmark*, BB 1967, 408, 409, zur Diskussion gestellt, und danach von *Klasmeyer/Kübler*, BB 1978, 369, 371, sowie von *Karsten Schmidt*, S. 20 ff, dogmatisch erklärt; siehe auch *König*, ZIP 1988, 1003 ff; *Scherrer/Heni*, S. 24; *Kuhn/Uhlenbruck*, KO, § 124 Rz. 1; *Hess*, KO, § 124 Rz. 1, 2; *Kilger/Karsten Schmidt*, KO, § 124 Rz. 1; *Onusseit/Kunz*, Rz. 181 ff; *Pink*, S. 226 ff.
52) *Tipke/Kruse*, § 140 AO Rz. 9; *Trzaskalik*, in: Hübschmann/Hepp/Spitaler, AO, vor § 140 Rz. 23; *Klasmeyer/Kübler*, BB 1978, 369, 370.

füllung der handels- und steuerrechtlichen Pflichten für die Zeit vor Konkurseröffnung unzumutbar ist, weil die Buchführung des Gemeinschuldners in dieser Zeit grob fehlerhaft ist. Nach Konkurseröffnung kann dieser Mangel durch Einrichtung einer ordnungsgemäßen Buchführung behoben werden. Dies hat zur Folge, daß nach Konkurseröffnung auch regelmäßig zum Bilanzstichtag wieder zu inventarisieren ist.

119 Ein Verstoß gegen die Inventarisierungspflicht beeinträchtigt die Ordnungsmäßigkeit der Buchführung.

bb) Inventurarten

120 Als Inventurarten kommen in Betracht: die Stichtagsinventur, die permanente Inventur und die vor- oder nachverlegte Stichtagsinventur:

- Die **Stichtagsinventur** (Abschn. 30 Abs. 1 EStR; Abschn. 31 Abs. 1 EStR) findet zum Bilanzstichtag oder zeitnah - in der Regel innerhalb einer Frist von zehn Tagen vor oder nach dem Bilanzstichtag - statt. Falls die Bestandsaufnahme nicht zum Bilanzstichtag durchgeführt wird, muß sichergestellt sein, daß die Bestandsveränderungen zwischen dem Bilanzstichtag und dem Tag der Bestandsaufnahme nach Art und Menge anhand von Belegen oder Aufzeichnungen ordnungsgemäß berücksichtigt werden. Die Stichtagsinventur ist in Insolvenzverfahren am weitesten verbreitet.

- Die **permanente Inventur** (§ 241 Abs. 2 HGB, Abschn. 30 Abs. 2 EStR) enthält eine körperliche Bestandsaufnahme zu einem beliebigen Stichtag und die Fortschreibung auf den Bilanzstichtag. Sie erfordert die Eintragung aller Bestände in Lagerbücher oder -karteien nach Tag, Art und Menge sowie den Nachweis aller Eintragungen durch Belege. Sie erfordert weiterhin, daß sämtliche Bestände innerhalb eines Jahres einmal körperlich aufgenommen worden sind, wobei es nicht erforderlich ist, daß alle Bestände gleichzeitig aufgenommen werden. Die Bestandsaufnahme muß in den Büchern und Karteien vermerkt werden; ebenso müssen eventuell erforderliche Korrekturen vorgenommen werden. Schließlich erfordert die permanente Inventur ein Protokoll über die körperliche Bestandsaufnahme.

- Bei der **vor- oder nachverlegten Stichtagsinventur** (§ 241 Abs. 3 HGB, Abschn. 30 Abs. 3 EStR) wird das Inventar auf einen vom Bilanzstichtag abweichenden Stichtag aufgestellt. Vorausgesetzt wird, daß die körperliche Bestandsaufnahme drei Monate vor oder zwei Monate nach dem Bilanzstichtag durchgeführt wird und daß das Rückrechnungs-

1. Bilanz

oder Fortschreibungsverfahren auf den Bilanzstichtag den Grundsätzen ordnungsmäßiger Buchführung entspricht.[53]

Sowohl die permanente Inventur als auch die vor- oder nachverlegte Stichtagsinventur sind nicht zulässig bei besonders wertvollen Gegenständen oder solchen mit unkontrollierbaren Abgängen (Schwund, Verdunsten etc.). **121**

cc) Inventurmethoden

Als Inventurmethoden kommen in Betracht: die körperliche Aufnahme, die Aufnahme anhand von Urkunden und die Aufnahme anhand der Buchführung: **122**

- Die körperliche Bestandsaufnahme wird in der Regel lückenlos durchgeführt.
- Zulässig, jedoch in Insolvenzverfahren nicht verbreitet, ist die sogenannte Stichprobeninventur (§ 241 Abs. 1 HGB).[54]
- Die Aufnahme anhand von Urkunden (Belegen, Saldenbestätigungen) dient in der Regel der Inventarisierung von Forderungen und Verbindlichkeiten.
- Die Bestandsaufnahme anhand der Buchführung dient ebenfalls der Aufnahme von Forderungen und Verbindlichkeiten. Sie ermöglicht außerdem die körperliche Bestandsaufnahme in Form der permanenten Inventur oder der vor- oder nachverlegten Stichtagsinventur, indem mittels der Buchführung eine Fortschreibung oder Rückrechnung erfolgt. Außerdem ersetzt sie unter gewissen Voraussetzungen die körperliche Bestandsaufnahme von Gegenständen des Anlagevermögens (Abschn. 31 EStR).[55]

Im Ergebnis bedeutet dies für die einzelnen Bilanzpositionen folgendes: **123**

- **Sachanlagevermögen:** **124**

  Eine körperliche Bestandsaufnahme ist insoweit nicht zwingend erforderlich, als durch ein den Grundsätzen ordnungsmäßiger Buchführung entsprechendes Verfahren sichergestellt ist, daß die für die Inventarisierung und Bilanzierung erforderlichen Angaben zu jedem Bilanzstichtag zur Verfügung stehen. Der Bestand der Sachanlagen kann durch Fortschreibung ermittelt werden, wenn die Fortschreibung in einem Bestandsverzeichnis erfolgt, das folgende Voraussetzungen erfüllt:

---

53) Vgl. dazu *Adler/Düring/Schmaltz*, § 241 HGB Rz. 40 ff; *Küting/Weber*, § 241 HGB Rz. 6.
54) Vgl. dazu *Adler/Düring/Schmaltz*, § 241 HGB Rz. 8 ff; *Bruse u. a.*, StBp 1988, 101 und 179.
55) Vgl. auch *Niemann/Schmidt*, in: Beck'sches Steuerberater-Handbuch, Teil A Rz. 560 ff.

IV. Erstellung des handelsrechtlichen Jahresabschlusses

- Das Bestandsverzeichnis muß vollständig sein. Es muß demnach auch diejenigen Posten enthalten, die bereits in voller Höhe abgeschrieben worden sind. Ausgenommen sind lediglich geringwertige Anlagegüter, deren Anschaffungskosten nicht mehr als 100 DM betragen haben. Des weiteren sind die geringwertigen Anlagegüter ausgenommen, die auf einem besonderen Konto verbucht sind oder deren Anschaffung oder Herstellung in einem besonderen Verzeichnis erfaßt worden ist.
- Der Anlagegegenstand ist genau zu bezeichnen.
- Das Datum des Zugangs und gegebenenfalls des Abgangs ist anzugeben.
- Die Anschaffungs- oder Herstellungskosten sind aufzuführen.
- Die Abschreibungsmethode ist aufzuführen (gegebenenfalls reicht die Angabe des Abschreibungssatzes aus).
- Der auf jedes einzelne Geschäftsjahr entfallende und der kumulierte Zu- und Abschreibungsbetrag sowie der Restbuchwert zum jeweiligen Ende des Geschäftsjahres sind aufzuzeichnen.

125 Für die **nicht abnutzbaren Wirtschaftsgüter** des Sachanlagevermögens (Grund und Boden, immaterielle Anlagegegenstände) genügt der Nachweis anhand von Urkunden.

126 • **Finanzanlagen:**

Es genügt der Nachweis anhand von Urkunden.

127 • **Vorräte:**

In der Regel ist eine körperliche Bestandsaufnahme erforderlich.

128 • **Halbfertige Produkte:**

Besondere Probleme ergeben sich bei selbsterstellten Anlagen, die am Bilanzstichtag noch im Bau befindlich sind sowie bei differenzierten Fertigungsverfahren, beispielsweise bei der Einzelfertigung im Maschinenbau. Hier sollte das Mengengerüst der zum Bilanzstichtag zu bewertenden Posten durch eine detaillierte Leistungsfortschreibung ermittelt werden. Die körperliche Aufnahme zum Bilanzstichtag dient in solchen Fällen der Verifizierung der Fortschreibung.

129 • **Kassenbestände, Besitzwechsel, Schecks und Wertpapiere, die das Unternehmen selbst verwahrt:**

In der Regel ist eine körperliche Bestandsaufnahme erforderlich.

1. Bilanz

- **Forderungen, Rückstellungen und Verbindlichkeiten:** 130
  Der Nachweis erfolgt anhand von Urkunden (z. B. Saldenbestätigungen, Saldenlisten).

- **Bankguthaben und -verbindlichkeiten sowie Postscheckguthaben:** 131
  Der Nachweis erfolgt anhand von Urkunden (z. B. Tagesauszüge, Saldenbestätigungen).

- **Schuldwechsel:** 132
  Der Nachweis wird durch ein Wechselkopierbuch geführt.

dd) Vereinfachungen

Zur Erleichterung der Inventur und der Bewertung können gemäß § 240 Abs. 4 HGB gleichartige Vermögensgegenstände des Vorratsvermögens sowie andere gleichartige oder annähernd gleichwertige bewegliche Vermögensgegenstände jeweils zu einer Gruppe zusammengefaßt und mit dem gewogenen Durchschnittswert angesetzt werden. Die Gruppenbildung und Gruppenbewertung darf im einzelnen Fall nicht gegen die Grundsätze ordnungsmäßiger Buchführung verstoßen.[56] 133

Im übrigen können zur Erleichterung der Inventur nach § 240 Abs. 3 HGB Vermögensgegenstände des Sachanlagevermögens sowie Roh-, Hilfs- und Betriebsstoffe auch mit einem Festwert angesetzt werden, wenn sie regelmäßig ersetzt werden und ihr Gesamtwert für das Unternehmen von nachrangiger Bedeutung ist, sofern im übrigen ihr Bestand in seiner Größe, seinem Wert und seiner Zusammensetzung nur geringen Veränderungen unterliegt.[57] 134

In der Regel muß jedoch an jedem dritten Bilanzstichtag eine körperliche Bestandsaufnahme durchgeführt werden, um zu überprüfen, ob der Ansatz der bisherigen Menge und des bisherigen Wertes noch gerechtfertigt ist (§ 240 Abs. 3 Satz 2 HGB). Bei den mit einem Festwert angesetzten Posten des beweglichen Sachanlagevermögens ist mindestens an jedem Bilanzstichtag, der dem Hauptfeststellungszeitpunkt für die Erstellung des Einheitswerts des Betriebsvermögens vorangeht, spätestens aber an jedem fünften Bilanzstichtag eine Inventur vorzunehmen (Abschn. 31 Abs. 4 Satz 1 EStR; zur Ermittlung des Festwerts vgl. Abschn. 31 Abs. 4 Sätze 2 - 5 EStR). 135

---

56) Vgl. im einzelnen Abschn. 36 Abs. 4 EStR; *Adler/Düring/Schmaltz*, § 240 HGB Rz. 116 ff; *Küting/Weber*, § 240 HGB Rz. 71 ff.
57) *Schmidt/Glanegger*, EStG, § 6 Rz. 49; *Sarx*, in: Beck'scher Bilanzkommentar, § 240 HGB Rz. 71 ff; *Adler/Düring/Schmaltz*, § 240 HGB Rz. 77 ff.

IV. Erstellung des handelsrechtlichen Jahresabschlusses

136 Jede Inventur steht unter dem kaufmännischen Grundsatz der Wirtschaftlichkeit, so daß sich die an eine Inventur zu stellenden Anforderungen je nach Größe des Unternehmens relativieren. Darüber hinaus richten sich die Anforderungen aber auch nach dem Verhältnis des Wertes des Vermögensgegenstandes zu dem Aufwand für eine genaue körperliche Aufnahme. An die Inventur dürfen daher keine überspitzten Anforderungen gestellt werden.

137 In denjenigen Fällen, in denen eine Fortschreibung der Konkursbilanz beabsichtigt ist, sollten bei der Inventarisierung für handels- und steuerrechtliche Zwecke zugleich auch diejenigen Angaben aufgenommen werden, die für die Fortschreibung der Konkursbilanz benötigt werden.

d) Grundsätze ordnungsmäßiger Buchführung nach Handelsrecht

138 Bei der Aufstellung des handelsrechtlichen Jahresabschlusses sind außer den Bewertungs- und Gliederungsvorschriften die Grundsätze ordnungsmäßiger Buchführung zu beachten (§ 243 Abs. 1 HGB).

139 Im Handelsgesetzbuch sind die Grundsätze ordnungsmäßiger Buchführung im wesentlichen für **alle Kaufleute** normiert, und zwar im einzelnen wie folgt:[58]

- Stichtagsprinzip (§ 242 Abs. 1 und 2 HGB)
- persönliche Zuordnung ("sein" Vermögen und "seine" Schulden (§ 242 Abs. 1 HGB)
- Klarheit und Übersichtlichkeit (§ 243 Abs. 2, § 247 Abs. 1 HGB)
- Vollständigkeit (§ 246 Abs. 1 HGB)
- Verrechnungsverbot (§ 246 Abs. 2 HGB)
- Kontinuität
  - Bilanzidentität (§ 252 Abs. 1 Nr. 1 HGB)
  - Bewertungsstetigkeit (§ 252 Abs. 1 Nr. 6 HGB)
- Going-concern-Prinzip (§ 252 Abs. 1 Nr. 2 HGB)
- Prinzip der Einzelbewertung (§ 252 Abs. 1 Nr. 3 HGB)
- Grundsatz der Vorsicht
  - Imparitätsprinzip (§ 252 Abs. 1 Nr. 4 Halbs. 1 HGB)
  - Niederstwertprinzip (§ 253 Abs. 1 - 3 HGB)
  - Realisationsprinzip (§ 252 Abs. 1 Nr. 4 Halbs. 2 HGB)

---

[58] Vgl. zu den Einzelheiten *Niemann/Schmidt*, in: Pelka/Niemann, StB-Handbuch 1996/7, Teil A Rz. 420 ff; *Adler/Düring/Schmaltz*, § 243 HGB Rz. 2 ff.

1. Bilanz

- periodengerechte Zuordnung von Aufwendungen und Erträgen (§ 252 Abs. 1 Nr. 5 HGB).

Für **Kapitalgesellschaften** werden diese Grundsätze zum Teil noch ergänzt: **140**
- Klarheit und Übersichtlichkeit: Gliederungsvorschriften für den Jahresabschluß (§§ 265, 266, 275, 277 HGB)
- Grundsatz der Vorsicht: spezielle Bewertungsregeln (§§ 279 - 282 HGB).[59]

Die Grundsätze ordnungsmäßiger Buchführung haben die Aufgabe, die im **141** HGB normierten Einzelvorschriften zu konkretisieren und zu ergänzen, wenn für einen bestimmten Sachverhalt, der bei der Aufstellung von Jahresabschlüssen zu berücksichtigen ist, keine anwendbare gesetzliche Einzelvorschrift vorhanden ist. Diese Funktion ist von nicht unerheblicher Bedeutung, da die überwiegende Zahl der gesetzlichen Einzelvorschriften konkretisierungsbedürftig ist und eine Vielzahl von Sachverhalten nicht explizit im HGB geregelt wird, z. B.

- **Ansatzvorschriften**:
  - Definition von Vermögensgegenständen, Schulden und Rechnungsabgrenzungsposten, soweit im Gesetz nicht festgelegt (§§ 246 Abs. 1, 250 HGB)
  - Konkretisierung der einzelnen Rückstellungsarten und Haftungsverhältnisse (§§ 249, 251 HGB)
- **Bewertungsvorschriften**:
  - Bewertung von Rückstellungen (§ 253 Abs. 1 HGB)
  - Festlegung sämtlicher Aufwandsarten, die Bestandteile der Anschaffungs- und Herstellungskosten sind (§ 255 Abs. 1 - 3 HGB)
  - Schätzung von Nutzungsdauer und Wahl der Abschreibungsmethoden beim abnutzbaren Anlagevermögen und Geschäfts- oder Firmenwert (§ 253 Abs. 2, § 255 Abs. 4 HGB)
  - Berechnung des niedrigeren am Abschlußstichtag beizulegenden Wertes von Abschreibungen aufgrund von Wertschwankungen in der nächsten Zukunft (§ 253 Abs. 2 und 3 HGB)
  - Anwendung von Bewertungsvereinfachungen (§ 256 HGB)
- **Ausweisvorschriften**:
  - Gebot der Klarheit (§ 243 Abs. 2 HGB)

---

[59] Vgl. zu den Einzelheiten *Niemann/Schmidt*, in: Beck'sches Steuerberater-Handbuch, Teil A Rz. 420 ff; *Budde/Karig*, in: Beck'scher Bilanzkommentar, § 243 HGB Rz. 31.

IV. Erstellung des handelsrechtlichen Jahresabschlusses

- Aufstellungsfrist (§ 243 Abs. 3 HGB)
- gesonderter Ausweis einzelner Posten und deren hinreichende Untergliederung (§ 247 Abs. 1 HGB)
- Zuordnung von Vermögensgegenständen zum Anlage- oder Umlaufvermögen (§ 247 Abs. 2 HGB)
- Erläuterungen von Bilanz und Gewinn- und Verlustrechnung im Anhang (§ 284 HGB)
- sonstige Pflichtangaben im Anhang (§ 285 HGB)
- Angaben im Lagebericht (§ 289 HGB).

e) Grundsätze ordnungsmäßiger Buchhaltung in der Insolvenz

142 Für die Rechnungslegung in Insolvenzverfahren ergeben sich gegenüber der Bilanzierung bei werbenden Unternehmen verschiedene Besonderheiten bei der Anwendung der Grundsätze ordnungsmäßiger Buchhaltung.

aa) Stichtagsprinzip (§ 242 Abs. 1 und 2 HGB)

143 Für Abwicklungsbilanzen bilden § 71 Abs. 1 GmbHG, § 270 Abs. 1 AktG, §§ 154, 161 HGB eine Sonderregelung zu § 242 Abs. 1 HGB. Für den Stichtag vor Beginn der Abwicklung ist eine Schlußbilanz der werbenden Gesellschaft zu erstellen, wobei sich in der Regel ein Rumpfgeschäftsjahr ergibt. Für den Beginn der Abwicklung sind darüber hinaus eine Eröffnungsbilanz und laufende Jahresabschlüsse zu erstellen.[60]

bb) Vollständigkeit (§ 246 Abs. 1 HGB)

144 Die Beachtung des Prinzips der Vollständigkeit ist bei Jahresabschlüssen von insolventen Unternehmen von besonderer Bedeutung, da der Konkursverwalter aufgrund des Zustandes des Rechnungswesens häufig keinen Überblick über das gesamte Betriebsvermögen erhält. Darüber hinaus besteht während der Abwicklung von insolventen Unternehmen die Gefahr, daß die zu führenden Bücher nicht in der erforderlichen Weise fortgeschrieben werden.

145 Wird z. B. beim Anlagevermögen auf die körperliche Bestandsaufnahme verzichtet, da eine Anlagenkartei geführt wird, so ist diese Kartei in der Abwicklungsphase vor Erstellung des jeweiligen Jahresabschlusses besonders genau daraufhin zu überprüfen, ob sämtliche Geschäftsvorfälle auch in der Kartei bei den in Betracht kommenden Wirtschaftsgütern erfaßt wurden. Dabei ist be-

---

[60] *Karsten Schmidt*, S. 41.

1. Bilanz

sonderes Augenmerk auf solche Geschäftsvorfälle zu richten, mit denen verschiedene Posten des Anlagevermögens - wie in Insolvenzverfahren üblich - en bloc veräußert wurden.

Die Waren- und Geldverbindlichkeiten müssen in der Handelsbilanz sämtliche Positionen der Konkurstabelle enthalten. Gleichwohl muß jedoch der Ansatz laut Handelsbilanz nicht mit dem Gesamtansatz laut Tabelle übereinstimmen. In der Handelsbilanz werden nämlich weiterhin auch diejenigen Verbindlichkeiten ausgewiesen, die nicht zur Tabelle angemeldet werden. Dies ergibt sich daraus, daß diese Forderungen nach Beendigung des Konkurses weiterhin gegen den Gemeinschuldner geltend gemacht werden können. Allerdings ist es möglich, den nicht angemeldeten Teil der Verbindlichkeiten zur Vereinfachung pauschal unter den sonstigen Rückstellungen auszuweisen. 146

cc) Bilanzidentität (§ 252 Abs. 1 Nr. 1 HGB)

Für die Erstellung der Eröffnungsbilanz bei Kapitalgesellschaften bei Konkursbeginn wird die Auffassung vertreten, der Grundsatz der Bilanzidentität gelte nur für das zu bewertende Mengengerüst, die Wertansätze könnten hingegen von denjenigen der Schlußbilanz der werbenden Gesellschaft abweichen (z. B. infolge Zuschreibungen beim Anlagevermögen, Höherbewertungen der Vorräte durch Einbeziehung der Fremdkapitalzinsen in die Herstellungskosten etc.).[61] 147

Dieser Auffassung kann nicht gefolgt werden, da sie zur Folge hat, daß handelsrechtlich Erfolgsbestandteile nicht ausgewiesen werden. Die Beachtung der Bilanzidentität ist daher auch bei einer Eröffnungsbilanz erforderlich. Eventuelle Neubewertungen sollten zweckmäßigerweise unmittelbar nach Erstellung der Eröffnungsbilanz erfolgen, sofern sie nicht bereits in der Schlußbilanz der werbenden Gesellschaft vorzunehmen sind.[62] 148

dd) Bewertungsstetigkeit (§ 252 Abs. 1 Nr. 6 HGB)

Bei der Erstellung von Handelsbilanzen in der Insolvenzphase ist der Grundsatz der Bewertungsstetigkeit nicht mehr zwingend. Die unterschiedlichen Gegebenheiten bei einer Abwicklung können es erforderlich machen, die auf den vorhergehenden Jahresabschluß angewandten Bewertungsmethoden zu ändern (z. B. Wechsel von Zerschlagungswerten zu Unternehmensfortführungswerten 149

---

61) So noch *Förster*, S. 8. und 12; *Kraft*, in: Kölner Komm. zum AktG, § 270 Rz. 2; *Scherrer/Heni*, S. 105 f.
62) *Karsten Schmidt*, S. 83 ff.

IV. Erstellung des handelsrechtlichen Jahresabschlusses

bei der Bewertung eines Betriebsteils, dessen Veräußerung im ganzen zunächst nicht realistisch erschien, später jedoch realisierbar war).[63]

ee) **Going-concern-Prinzip (§ 252 Abs. 1 Nr. 2 HGB)**

150 Die gesetzliche Unterstellung des "Going-concern" gilt nur, soweit eine Unternehmensfortführung beabsichtigt ist.[64]

151 Im Regelfall wird daher bei einer Insolvenz die Fortführungsprämisse nicht mehr gelten. In der Praxis hat dies überall dort Auswirkungen, wo sich die Going-concern-Prämisse in gesetzlichen Bewertungsregelungen konkretisiert hat:

- Die Bewertung der Vermögensgegenstände erfolgt nicht mehr auf der Basis der historischen Anschaffungs- oder Herstellungskosten, sondern nur auf der Basis von Verkehrs- oder Liquidationswerten; Bewertungsobergrenze bilden weiterhin die Anschaffungs- oder Herstellungskosten.

- Der Verbleib langlebiger Vermögensgegenstände im Unternehmen wird nicht mehr bis zum Ende der voraussichtlichen Nutzungsdauer unterstellt; die Anschaffungs- oder Herstellungskosten können auf die verbleibende Restnutzungsdauer periodisiert werden.

- Aufwendungen für die Ingangsetzung des Geschäftsbetriebes und dessen Erweiterung dürfen, soweit sie nicht als Vermögensgegenstand bilanzierungsfähig sind, nicht als Bilanzierungshilfe aktiviert werden.

- Bei der Bilanzierung des Umlaufvermögens nach dem Niederstwertprinzip (§ 253 Abs. 3 HGB) ist nicht von der planmäßigen Verwertung der Vermögensgegenstände im Rahmen der normalen Unternehmenstätigkeit, sondern von der Zerschlagung des Unternehmens auszugehen.

- Die mit der Liquidation verbundenen spezifischen Verbindlichkeiten und Rückstellungen (z. B. aufgrund eines Sozialplans) sind zu bilanzieren.

152 Das Going-concern-Prinzip gilt in Insolvenzverfahren lediglich insoweit, als beabsichtigt ist, den Betrieb ganz oder teilweise fortzuführen oder zu veräußern, da nur dann die Fortsetzung der Unternehmenstätigkeit anzunehmen ist.[65]

---

[63] Vgl. *Scherrer/Heni*, S. 121 f.
[64] *Förster*, S. 130 f; *Pink*, S. 45.
[65] *Scherrer/Heni*, S. 108 ff; *Scholz/Karsten Schmidt*, GmbHG, § 71 Rz. 21; *Förster*, S. 130 f; *Pink*, S. 47.

1. Bilanz

ff) Prinzip der Einzelbewertung (§ 252 Abs. 1 Nr. 3 HGB)

Es ergibt sich die Frage, ob sich - außerhalb von den gesetzlich vorgesehenen Vereinfachungsmöglichkeiten, die im Konkursverfahren selten anzutreffen sind (Verbrauchsfolgeverfahren, Gruppen- und Festbewertung) - bei mangelndem Identitätsnachweis von Gegenständen des Umlaufvermögens weitere Vereinfachungsmöglichkeiten in der Praxis ergeben. In diesem Zusammenhang ist es von Bedeutung, daß die Einzelbewertung sich nicht an einer rein gegenständlichen Betrachtungsweise oder einer rein zivilrechtlichen Betrachtung ausrichtet; vielmehr ist der betriebliche Nutzungs- und Funktionszusammenhang, in den ein Vermögensgegenstand gestellt ist, entscheidendes Kriterium für die Bestimmung der Bewertungseinheit.[66]

153

Unter diesem Gesichtspunkt ist es gerechtfertigt, in Insolvenzverfahren auch einzelne Gruppen von Vermögensgegenständen als Bewertungseinheit anzusehen, sofern diese nur als Einheit verkauft werden können. Sie bilden im Hinblick auf das geänderte Unternehmensziel - Liquidation der Gesellschaft - eine Einheit, ohne daß eine streng am Gegenständlichen ausgerichtete Bildung von Bewertungseinheiten erforderlich wäre, wie z. B. eine bestimmte Gruppe von Maschinen oder von Halbfertigfabrikaten.[67]

154

f) Ansatzvorschriften

Bei der Erstellung von Handelsbilanzen gelten auch in der Insolvenzphase die Ansatzvorschriften der §§ 246, 251 HGB. Die insoweit für Kapitalgesellschaften in § 71 Abs. 1 - 3 GmbHG, § 270 AktG geforderte entsprechende Anwendung dieser Vorschriften führt nicht dazu, daß einzelne der Ansatzvorschriften nicht zur Anwendung gelangen.

155

Bei Anwendung der Ansatzvorschriften ergeben sich in der Insolvenzphase verschiedene Besonderheiten:

156

Der Begriff des Anlagevermögens bestimmt sich weiterhin nach § 247 Abs. 2 HGB; d. h., daß bei einer Geschäftsfortführung das in der Schlußbilanz der werbenden Gesellschaft ausgewiesene **Anlagevermögen** weiterhin dauernd dem Geschäftsbetrieb dient. Wird das Geschäft indessen nicht fortgeführt, müssen Vermögensgegenstände des Anlagevermögens in das Umlaufvermögen umgegliedert werden, soweit die Veräußerung innerhalb eines übersehbaren Zeitraumes beabsichtigt ist.[68] Dies ergibt sich zum einen aus der Definition in § 247 HGB, zum anderen wird dies für Kapitalgesellschaften aus-

157

---

66) Vgl. BFH, Beschl. v. 26. 11 1973 - GrS 5/71, BStBl 1974 II, 132.
67) A. A. *Scholz/Karsten Schmidt*, GmbHG, § 71 Rz. 6, 32 f; *Scherrer/Heni*, S. 115; ebenso *Pink*, S. 119.
68) *Pink*, S. 124.

IV. Erstellung des handelsrechtlichen Jahresabschlusses

drücklich in § 71 Abs. 2 Satz 3 GmbHG und § 270 Abs. 2 Satz 3 AktG noch einmal klargestellt. Da die "übersehbare Zeit" nicht gesetzlich definiert ist, bedarf sie der Auslegung. Als übersehbar im Sinne dieser Bestimmung wird in der Regel ein Zeitraum von zwei Jahren nach dem Stichtag des Abwicklungsbeginns angenommen.[69]

158 Bei der Erstellung der Handelsbilanzen gilt weiterhin das Aktivierungsverbot von immateriellen Vermögensgegenständen, die nicht entgeltlich erworben wurden (§ 248 Abs. 2 HGB).

159 Sonderposten mit Rücklageanteil sind weiterhin gemäß § 247 Abs. 3 HGB gesondert auszuweisen, solange sie nach den zugrundeliegenden steuerrechtlichen Vorschriften fortgeführt werden können.

160 Die Rückstellungsbildung erfolgt nach § 249 HGB. Es gilt insbesondere das **Passivierungsverbot** nach § 249 Abs. 3 HGB, wonach in der Handelsbilanz andere Rückstellungen als die in § 249 Abs. 1 und 2 HGB bezeichneten nicht gebildet werden dürfen. Hiervon werden die Rückstellungen für zukünftige Abwicklungskosten betroffen. In der Handelsbilanz dürfen daher Rückstellungen für Steuerverpflichtungen oder für sonstige Aufwendungen nur passiviert werden, wenn sie nach § 249 Abs. 1 HGB passivierungspflichtig oder mit Wahlrecht passivierungsfähig sind. Voraussetzung ist daher immer, daß die rechtlichen Verpflichtungen entweder vorher entstanden oder zumindest wirtschaftlich verursacht sind. Auch diese Regelung widerspricht der überwiegenden bisherigen Bilanzierungspraxis in Insolvenzverfahren. Nach bisherigem Recht wurde die Auffassung vertreten, daß in handelsrechtlichen Insolvenzbilanzen möglichst auch die Rückstellung für Steuerverpflichtungen oder Abwicklungskosten voll dotiert werden sollten, soweit diese Kosten nicht durch zukünftig zu erwartende Erträge gedeckt werden.[70]

161 Bei künftiger Verursachung von Verbindlichkeiten, z. B. bei Schadensersatzansprüchen wegen (künftiger) Erfüllungsablehnung nach § 17 KO, kann demnach erst in späteren Wirtschaftsjahren eine Passivierung erfolgen.

162 In Zukunft anfallende Masseschulden und Massekosten, mit denen bei Konkurseröffnung gerechnet wird, sind aus dem vorgenannten Grund ebenfalls nicht rückstellungsfähig.

163 Die erwarteten Abfindungszahlungen an die ausscheidenden Arbeitnehmer aus einem Sozialplan, aus einem Interessenausgleich oder einem Nachteilsausgleich i. S. d. §§ 111 - 113 BetrVG sind hingegen auch vor Aufstellung ent-

---

69) Jedenfalls wird ein Zeitraum von einem Jahr als übersehbar angesehen: *Pink*, S. 124; *Scholz/Karsten Schmidt*, GmbHG, § 71 Rz. 24, beschreibt einen Zeitraum von 2 - 3 Jahren.
70) *Forster*, in: Festschrift Knorr, S. 82.

sprechender Pläne zu passivieren, da bei Insolvenzverfahren ernsthaft mit Stillegungen oder Betriebseinschränkungen mit entsprechenden Abfindungszahlungen zu rechnen ist.[71] Solche Rückstellungen sind spätestens zu bilden, wenn entsprechende Beschlüsse vorliegen und die Unterrichtung des Betriebsrats bevorsteht. Soweit die Höhe dieser Ansprüche noch nicht feststeht, muß sie unter Berücksichtigung des Vorsichtsprinzips geschätzt werden.

Was **Pensionsverpflichtungen** (laufende Pensionen und Anwartschaften) betrifft, so gilt weiterhin das Passivierungswahlrecht und die Passivierungspflicht nach § 249 HGB unter Berücksichtigung von Art. 28 EGHGB. Das bedeutet, daß für Altzusagen das bisherige Passivierungswahlrecht fortgilt und für Neuzusagen ab dem 1. Januar 1987 die uneingeschränkte Passivierungspflicht gilt. Nach bisheriger Auffassung wurde hingegen davon ausgegangen, daß das Passivierungswahlrecht bei Pensionsverpflichtungen nur für werbende Unternehmen und nicht mehr für in der Abwicklung befindliche Unternehmen gilt. Statt dessen waren Pensionsverpflichtungen aus laufenden Pensionen und Anwartschaften in Insolvenzbilanzen mit dem Barwert anzusetzen.[72] **164**

Soweit eine Pensionszusage unverfallbar und damit insolvenzgesichert ist, besteht eine Passivierungspflicht hinsichtlich der beanspruchbaren Ausgleichszahlung. Eine Kürzung oder Einstellung der Arbeitnehmeransprüche kommt in diesem Fall nicht in Betracht, da den Arbeitnehmern gegenüber den übrigen Gläubigern nach ständiger Rechtsprechung des Bundesarbeitsgerichts kein Sonderopfer abverlangt werden kann.[73] **165**

Bei der Passivierung von Steuerrückstellungen oder Steuerverbindlichkeiten ist zu überprüfen, ob in Vorjahren zu günstige Ergebnisse ausgewiesen wurden. Durch Änderungen der Vorjahresbilanzen können möglicherweise die Steuerverbindlichkeiten reduziert werden. **166**

Unverändert sind auch in Insolvenzverfahren **Rechnungsabgrenzungsposten** gemäß § 250 HGB in die Handelsbilanzen einzustellen und fortzuführen. Eine Neubildung wird während der Abwicklung seltener in Frage kommen, auch wenn sie weiterhin möglich ist. Auch die **Haftungsverhältnisse** sind in Handelsbilanzen, die in Insolvenzverfahren erstellt werden, zu vermerken (§ 251 HGB). Im übrigen gilt das **Verrechnungsverbot** nach § 246 HGB. **167**

---

71) *Seitz*, in: Beck'sches Steuerberater-Handbuch, Teil B Anm. 1346; *Scherrer/Heni*, S. 108, 269; WP-Handbuch 1992, Bd. I, S. 163 f.
72) Vgl. *Forster*, in: Festschrift Knorr, S. 81; entgegen überwiegender Auffassung, *Scherrer/Heni*, S. 76 ff m. w. N.
73) St. Rspr. seit BAG, Urt. v. 4. 9. 1972 - 2 AZR 467/71, BB 1972, 1504; vgl. auch *Kuhn/Uhlenbruck*, KO, § 22 Rz. 30 m. w. N.

Eine Ausnahme gilt lediglich für die eigenen Anteile, die im Eigenkapital - hier Abwicklungskapital - zu verrechnen sind.[74]

g) Bewertungsvorschriften

168 Die als Grundsätze ordnungsmäßiger Buchführung normierten allgemeinen Bewertungsvorschriften gelten auch im Insolvenzverfahren weiter (oben Rz. 217). Das Anlagevermögen ist, soweit es in der Handelsbilanz im Insolvenzverfahren fortzuführen ist, weiterhin gemäß § 253 Abs. 2 HGB mit den Anschaffungs- oder Herstellungskosten zu bewerten, vermindert um planmäßige oder außerplanmäßige Abschreibungen. Das für Kapitalgesellschaften geltende Wertaufholungsgebot hat insoweit besondere Bedeutung, als die Wertaufholungsausnahme nach § 280 Abs. 2 HGB im Insolvenzverfahren selten eingreift. Sie kommt so lange nicht in Frage, wie der Abwicklungszeitraum als zusammengefaßter Besteuerungszeitraum vom Beginn bis zum Ende der Abwicklung gilt (§ 11 Abs. 1 Satz 2 KStG).[75]

169 Bei Ansatz der planmäßigen Abschreibungen ist davon auszugehen, daß die Wertansätze des Anlagevermögens nach § 253 Abs. 2 Satz 3 HGB auf die voraussichtlichen Abwicklungsjahre zu verteilen sind, in denen der Vermögensgegenstand voraussichtlich noch in der Abwicklung genutzt werden kann. Der danach verbleibende Restwert darf nicht höher liegen als der voraussichtliche Veräußerungserlös für die Gegenstände.

170 Die Bewertungsmaßstäbe des Umlaufvermögens sind Anschaffungs- oder Herstellungskosten, der niedrigere Zeitwert nach § 253 Abs. 3 Satz 1 und 2 HGB und der niedrigere Wert wegen zukünftiger Wertschwankungen nach § 253 Abs. 3 Satz 3 HGB. Da Zweck der Abwicklung die Versilberung des Vermögens ist, muß die Bewertung auf den Absatzmarkt abgestellt sein. Maßgebend ist daher der mögliche Verkaufserlös abzüglich noch anfallender Kosten, wobei die Anschaffungs- oder Herstellungskosten die Obergrenze bilden.

171 Soweit bei der werbenden Gesellschaft als Anlagevermögen ausgewiesene Gegenstände bereits aufgrund der Ansatzvorschriften ins Umlaufvermögen umzugliedern sind, besteht keine Bindung an die bisherigen Buchwerte im Anlagevermögen. Es hat vielmehr eine Neubewertung unter Berücksichtigung der für das Umlaufvermögen geltenden Bewertungsmaßstäbe zu erfolgen.

172 Bei der Bewertung der Rückstellungen ergeben sich keine Unterschiede. Sie sind nach § 253 Abs. 1 Satz 2 HGB mit dem Betrag anzusetzen, der nach vernünftiger kaufmännischer Beurteilung notwendig ist.

---

74) *Budde/Karig*, in: Beck'scher Bilanzkommentar, § 246 Rz. 80 ff.
75) *Tipke/Lang*, § 11 Rz. 80.

1. Bilanz

Verbindlichkeiten sind in den Handelsbilanzen von Insolvenzunternehmen nach § 253 Abs. 1 Satz 2 HGB mit ihrem Rückzahlungsbetrag, Rentenverpflichtungen, für die eine Gegenleistung nicht mehr zu erwarten ist, mit dem Barwert anzusetzen.   173

h) Gliederungsvorschriften

Für Kapitalgesellschaften gelten die detaillierten Gliederungsvorschriften der §§ 265 ff HGB. Der Umfang der Einzelangaben bei der Gliederung hängt für die einzelnen Kapitalgesellschaften von ihrer Größe ab. Nach § 267 HGB sind drei **Größenkategorien** zu unterscheiden: 174

- **Kleine Kapitalgesellschaften:**   175
  - Bilanzsumme: kleiner/gleich DM 5,31 Mio.
  - Umsatz: kleiner/gleich DM 10,62 Mio.
  - Arbeitnehmer: kleiner/gleich 50 (Jahresdurchschnitt).

  Kleine Kapitalgesellschaften sind solche, die mindestens zwei der vorgenannten Merkmale nicht überschreiten.

- **Mittelgroße Kapitalgesellschaften:**   176
  - Bilanzsumme: größer als DM 5,31 Mio.; kleiner/gleich DM 21,24 Mio.
  - Umsatz: größer als DM 10,62 Mio.; kleiner/gleich DM 42,48 Mio.
  - Arbeitnehmer: mehr als 50; weniger/gleich 250 (Jahresdurchschnitt).

  Mittelgroße Kapitalgesellschaften sind solche, die mindestens zwei der für kleine Kapitalgesellschaften bezeichneten Merkmale überschreiten und jeweils mindestens zwei der drei zuvor genannten Merkmale nicht überschreiten.

- **Große Kapitalgesellschaften:**   177
  - Bilanzsumme: größer als DM 21,24 Mio.
  - Umsatz: größer als DM 42,48 Mio.
  - Arbeitnehmer: mehr als 250 (Jahresdurchschnitt).

  Große Kapitalgesellschaften sind solche, die mindestens zwei der vorgenannten Merkmale überschreiten.

178 Die Gliederungsvorschriften für große und mittelgroße Kapitalgesellschaften gelten nur, wenn sie von der Kapitalgesellschaft an den Abschlußstichtagen von zwei aufeinanderfolgenden Geschäftsjahren über- oder unterschritten wurden.[76]

179 Die nach § 71 Abs. 1 - 3 GmbHG, § 270 AktG gebotene entsprechende Anwendung dieser Vorschriften gestattet nicht, auf die Angabe der Vorjahresziffern zu verzichten. Auch die Darstellung des Anlagespiegels ist fortzuführen, wobei insbesondere die Anlagenabgänge von besonderer Bedeutung sind.

180 Alle anderen Kaufleute sind an keine bestimmte Gliederung gebunden. Es gilt vielmehr § 247 HGB, wonach in der Bilanz das Anlage- und das Umlaufvermögen, das Eigenkapital und die Schulden sowie die Rechnungsabgrenzungsposten auszuweisen und hinreichend aufzugliedern sind.

181 Anhaltspunkte für eine hinreichende Aufgliederung der Bilanz lassen sich aus den Gliederungsvorschriften für kleine Kapitalgesellschaften entnehmen. Aus Vereinfachungsgründen empfiehlt es sich, zumindest diese Gliederungsvorschriften auch außerhalb von Kapitalgesellschaften anzuwenden.

i) Schlußbilanz der werbenden Gesellschaft

182 Die Erstellung einer Schlußbilanz für das werbende Unternehmen ist bei Einzelkaufleuten und Personenhandelsgesellschaften nicht vorgeschrieben. Es besteht jedoch handelsrechtlich für Personenhandels- und Kapitalgesellschaften die Pflicht zur Erstellung einer Liquidations-Eröffnungsbilanz, die nach dem Grundsatz der Bilanzidentität mit der Schlußbilanz des werbenden Unternehmens identisch ist und daher automatisch auch zu einer Schlußbilanz der werbenden Gesellschaft auf den Stichtag vor Beginn der Abwicklung führt.[77] Wird der Konkurs während des laufenden Geschäftsjahres eröffnet, wird demnach für das sich ergebende Rumpfwirtschaftsjahr eine Schlußbilanz erstellt.

183 Bei der Erstellung der Schlußbilanz der werbenden Gesellschaft ist bereits darauf zu achten, daß im Regelfall das Going-concern-Prinzip nicht mehr gilt.[78] Es sind daher Neubewertungen erforderlich, die das Ergebnis des (Rumpf-)Geschäftsjahres betreffen, das mit Konkurseröffnung endet.

---

76) Zu den Gliederungsanforderungen vgl. im einzelnen § 266 HGB sowie *Wohlgemuth*, in: Beck'sches Steuerberater-Handbuch, Teil B Rz. 154 ff.

77) Für Kapitalgesellschaften vgl. BFH, Urt. v. 17. 7. 1974 - I R 233/71, BStBl 1974, 692 II; BayObLG, Beschl. v. 14. 1. 1994 - 3 Z BR 307/93, DB 1994, 523 = GmbHR 1994, 331; *Kraft*, in: Kölner Kommentar zum AktG, § 270 Rz. 16, *Förschle/Deubert*, in: Budde/Förschle, Rz. K 345 f; *Scherrer/Heni*, S. 38; a. A. *Hachenburg/Hohner*, GmbHG, § 71 Rz. 7; vgl. im übrigen *Karsten Schmidt*, S. 84, 86; *Förschle/Kropp/Deubert*, DStR 1992, 1523; *dies.*, DB 1994, 998, 999; *Scherrer/Heni*, DStR 1992, 797, 802; *dies.*, S. 179 ff.

78) *Karsten Schmidt*, S. 84.

1. Bilanz

j) Liquidations-Eröffnungsbilanz

Die Erstellung einer externen Liquidations-Eröffnungsbilanz ist für **Einzelkaufleute** nicht vorgeschrieben. Für **Personenhandelsgesellschaften** ergibt sich die Pflicht zur Erstellung einer externen Liquidations-Eröffnungsbilanz nach den handelsrechtlichen Rechnungslegungsvorschriften aus §§ 154, 161 HGB (oben Rz. 106). Für **Kapitalgesellschaften** ergibt sich die handelsrechtliche Verpflichtung zur Erstellung einer Liquidations-Eröffnungsbilanz nach handelsrechtlichen Grundsätzen aus § 71 Abs. 1 - 3 GmbHG, § 270 AktG. Sie stellt nach der hier vertretenen Auffassung eine Fortsetzung der Schlußbilanz der werbenden Gesellschaft dar, die den Normen der Gewinnermittlungsbilanz einer werbenden Gesellschaft zu entsprechen hat. 184

In Insolvenzverfahren muß daher für Personenhandels- und Kapitalgesellschaften eine Liquidations-Eröffnungsbilanz nach § 71 Abs. 1 - 3 GmbHG, § 270 AktG erstellt werden, und zwar neben der als Vermögensbilanz fungierenden Konkurs-Eröffnungsbilanz gemäß § 124 KO. 185

Bei **Kapitalgesellschaften** ergeben sich in der Liquidations-Eröffnungsbilanz Besonderheiten bei verschiedenen Einzelposten: 186

- **Ausstehende Einlagen:**

Ausstehende Einlagen auf das gezeichnete Kapital sind auf der Aktivseite vor dem Anlagevermögen gesondert auszuweisen, wobei die bereits eingeforderten Einlagen zu vermerken sind (§ 272 Abs. 1 Satz 2 HGB). Von der Saldierungsmöglichkeit nach § 272 Abs. 1 Satz 3 HGB für die nicht eingeforderten Einlagen mit dem gezeichneten Kapital kann nur Gebrauch gemacht werden, wenn damit zu rechnen ist, daß diese Einlagen bis zum Ende der Abwicklung nicht mehr eingefordert werden.[79] Insoweit ist dann allerdings ein Vermerk "nicht eingeforderte ausstehende Einlagen" notwendig. 187

- **Eigene Anteile:**

Eigene Anteile stellen in der Regel nur noch einen Korrekturposten zum Abwicklungskapital dar und sind nicht mehr selbständig bilanzierungsfähig. Sie werden im Abwicklungskapital saldiert, gegebenenfalls mit einem Ausweis in der Vorspalte.[80] 188

- **Abwicklungskapital:**

Positives Kapital wird in Bilanzen insolventer Unternehmen in der Regel nicht ausgewiesen. Sollte dies ausnahmsweise dennoch erforderlich sein, erfordert 189

---

[79] *Förschle/Deubert*, in: Budde/Förschle, Rz. K 217; *Scherrer/Heni*, DStR 1992, 802.
[80] *Förschle/Deubert*, in: Budde/Förschle, Rz. K 217 f; *Scherrer/Heni*, S. 39.

die nach § 270 AktG, § 71 Abs. 1 - 3 GmbHG vorgeschriebene entsprechende Anwendung der Vorschriften über den Jahresabschluß eine abweichende Form und Bezeichnung des Kapitalausweises. Statt der Bezeichnung "Eigenkapital" sollte die Bezeichnung "Abwicklungskapital" gewählt werden. Hierunter sind das gezeichnete Kapital, die Kapitalrücklage, die Gewinnrücklagen und die übrigen Posten, soweit vorhanden, zusammenzufassen. Gleichzeitig sind eigene Anteile und nicht mehr einzufordernde ausstehende Einlagen zu kürzen.

190 Statt der Bezeichnung "Abwicklungskapital" kann auch die Bezeichnung "Abwicklungsvermögen" oder "Reinvermögen" gewählt werden. Die Zusammenfassung empfiehlt sich, da bei der Rechnungslegung von insolventen Unternehmen lediglich die Ermittlung des Abwicklungsvermögens im Vordergrund steht. Der bisherige Betrag des gezeichneten Kapitals kann als Klammerzusatz vermerkt werden.

191 Übersteigen die Schulden das Aktivvermögen, ist auf der Aktivseite ein "nicht gedeckter Fehlbetrag" entsprechend § 268 Abs. 3 HGB auszuweisen.[81]

192 Für **Personenhandelsgesellschaften** bestehen keine vergleichbaren Vorschriften. Kennzeichnend ist insoweit, daß **variable Konten** geführt werden, d. h., daß das Kapital von Jahr zu Jahr schwankt. Daneben werden häufig auch in Anlehnung an die Bilanzierung von Kapitalgesellschaften feste Kapitalkonten geführt. Maßgebend ist insoweit immer der Gesellschaftsvertrag. Es empfiehlt sich, auch in der handelsrechtlichen Liquidations-Eröffnungsbilanz von Personenhandelsgesellschaften das Abwicklungskapital getrennt nach festen und variablen Kapitalkonten auszuweisen.

193 Sind feste Kapitalanteile vereinbart, ist es notwendig, den Charakter der sonstigen Gesellschafterkonten zu bestimmen.

194 Negative variable Kapitalkonten führen bei einer **OHG** zu der Besonderheit, daß der Gesellschafter verpflichtet ist, den **negativen Kapitalanteil** gegenüber seinen Mitgesellschaftern auszugleichen.

195 Für **Kommanditisten** ist ein negatives Kapitalkonto im Hinblick auf eine **Nachschußpflicht** ohne bilanzielle Bedeutung, soweit der Kommanditist seine Hafteinlage in die Gesellschaft geleistet hat. Der negative Kapitalanteil stellt dann keine Verbindlichkeit des Kommanditisten dar, sondern lediglich einen Erinnerungsposten in der Bilanz. Soweit die Hafteinlage indessen nicht geleistet oder durch Entnahmen wieder reduziert wurde, sind Forderungen gegenüber dem Kommanditisten auszuweisen.

196 Das negative Kapitalkonto hat jedoch sowohl für den Kommanditisten als auch für den Komplementär zu demjenigen Zeitpunkt eine materielle Bedeu-

---

81) *Förschle*, in: Budde/Förschle, Rz. K 216.

tung, zu dem feststeht, daß ein Ausgleich des negativen Kapitalkontos mit künftigen Gewinnanteilen des Kommanditisten nicht mehr in Betracht kommt. Zu diesem Zeitpunkt fällt das negative Kapitalkonto weg mit der Folge, daß der Kommanditist einen laufenden Gewinn in Höhe des Kapitalkontos erzielt und der Komplementär in entsprechender Höhe einen Verlust.

k) Laufende Liquidations-Jahresabschlüsse

Für Einzelkaufleute und Personenhandelsgesellschaften ergibt sich die handelsrechtliche Verpflichtung zur Erstellung laufender Liquidations-Jahresabschlüsse aus den §§ 238 ff HGB. Für Kapitalgesellschaften ergibt sich diese Verpflichtung aus § 270 AktG, § 71 Abs. 1 - 3 GmbHG. 197

Mit dieser externen Rechnungslegung soll über den Fortgang der Abwicklung während des abgelaufenen Abwicklungs-Geschäftsjahres und über den Stand des Vermögens und der Schulden im Rahmen der geltenden Bewertungsbestimmungen informiert werden. 198

Die handelsrechtlich gebotenen laufenden Liquidations-Jahresabschlüsse sind in Anwendung der §§ 238 ff HGB für Einzelunternehmen und Personenhandelsgesellschaften und - zusätzlich der §§ 264 ff HGB - für Kapitalgesellschaften periodische Erfolgsbilanzen.[82] 199

Das Geschäftsjahr, auf dessen Ende die laufenden Liquidations-Jahresabschlüsse zu erstellen sind, richtet sich nach § 240 Abs. 2 Satz 2 HGB, d. h., es darf zwölf Monate nicht überschreiten. Insoweit kann das bisherige Geschäftsjahr beibehalten werden, mit der Folge, daß nach der Liquidations-Eröffnungsbilanz ein weiteres Rumpfgeschäftsjahr eingelegt wird, das am Ende des ursprünglichen Geschäftsjahres endet. Statt dessen kann jedoch auch mit dem Tag der Liquidations-Eröffnungsbilanz ein neues Geschäftsjahr beginnen, so daß ein Jahr später der erste laufende Liquidations-Jahresabschluß zu erstellen ist. 200

l) Liquidations-Schlußbilanz/Schlußrechnung

Die Erstellung einer Liquidations-Schlußbilanz oder einer Schlußrechnung ist für Einzelkaufleute nicht ausdrücklich vorgeschrieben.[83] Auch insoweit ist jedoch für das letzte Geschäfts- oder Rumpfgeschäftsjahr eine Schlußbilanz in Anwendung von §§ 238 f HGB zu erstellen. 201

---

82) *Förschle/Deubert*, in: Budde/Förschle, Rz. K 232 ff.
83) *Scherrer/Heni*, S. 181.

IV. Erstellung des handelsrechtlichen Jahresabschlusses

202 Für Personenhandelsgesellschaften ergibt sich die Pflicht zur Erstellung einer Liquidations-Schlußbilanz nach handelsrechtlichen Vorschriften aus §§ 154, 161 HGB.[84]

203 Für Aktiengesellschaften und Gesellschaften mit beschränkter Haftung ist die Liquidations-Schlußbilanz nach handelsrechtlichen Vorschriften gemäß § 270 AktG, § 71 Abs. 1 - 3 GmbHG vorgeschrieben. Nach herrschender Meinung ist auch für die GmbH eine Schlußrechnung zu erstellen, obwohl insoweit § 71 GmbHG keine ausdrückliche Regelung enthält.[85]

204 Die Schlußbilanz ist auf den Zeitpunkt aufzustellen, an dem die Abwicklung beendet ist. Beendigung bedeutet in diesem Zusammenhang, daß das Vermögen in Geld realisiert ist. Die zugehörige Erfolgsrechnung umfaßt den Zeitraum, für den noch keine Rechnungslegung erfolgt ist, d. h. den Zeitabschnitt seit dem Stichtag des letzten laufenden Abwicklungs-Jahresabschlusses.

205 Parallel zur externen Liquidations-Schlußbilanz nach handelsrechtlichen Vorschriften muß für Personenhandels- und Kapitalgesellschaften auf den Zeitpunkt der Auskehrung des Vermögens und Regulierung der in Betracht kommenden Verbindlichkeiten auch eine interne Schlußrechnung erstellt werden. Sie betrifft die interne Rechnungslegung der Liquidatoren oder der Konkursverwalter[86] und ergibt sich für die Aktiengesellschaften aus § 273 Abs. 1 AktG, im übrigen aus dem gesetzlichen Auftrag des Liquidators.[87]

206 In der Praxis empfiehlt es sich, die Schlußrechnung mit der Schlußbilanz zu verbinden, auch wenn die Schlußrechnung dann nicht bereits mit der Realisierung des Vermögens in Geld, sondern erst mit der Auskehrung des Vermögens erstellt wird.

2. Gewinn- und Verlustrechnung

207 Für die handelsrechtlich in Betracht kommenden Bilanzen, die ein Rumpfgeschäftsjahr oder Geschäftsjahr beenden, gelten weiterhin die Vorschriften der §§ 242 ff, 265, 275 - 277 HGB. Das bedeutet, daß lediglich für die Liquidations-Eröffnungsbilanz eine Gewinn- und Verlustrechnung nicht zu erstellen ist. Für die Schlußbilanz des werbenden Unternehmens ist hingegen ebenso wie für die laufenden Bilanzen und die Schlußrechnung eine Gewinn- und Verlustrechnung zu erstellen.

---

84) *Förschle/Deubert*, in: Budde/Förschle, Rz. K 359.
85) *Scherrer/Heni*, S. 40.
86) *Karsten Schmidt*, S. 50 f für Kapitalgesellschaften und S. 65 für Personenhandelsgesellschaften; *Scherrer/Heni*, S. 239 ff.
87) Zu den Einzelheiten vgl. *Scherrer/Heni*, S. 239 ff.

2. Gewinn- und Verlustrechnung

Für Einzelkaufleute und Personenhandelsgesellschaften ist nach § 242 Abs. 2 HGB eine Gegenüberstellung der Aufwendungen und Erträge des Geschäftsjahres aufzustellen. Eine ordnungsgemäße Rechenschaftslegung erfordert insoweit eine ausreichende Gliederung der Gewinn- und Verlustrechnung.[88] **208**

Besondere Fragen wirft der Ausweis von Aufwendungen und Erträgen aus Rechtsbeziehungen zwischen einer Gesellschaft und ihrem Gesellschafter auf. Werden diese nicht bei der Ermittlung des Jahresergebnisses im Bereich der einzelnen Ertrags- oder Kostenarten gezeigt, sollte ein entsprechender Vermerk bei den betreffenden Ertrags- oder Kostenarten angebracht werden. Dies gilt z. B. für Arbeitsverhältnisse, die der Konkursverwalter mit dem Gemeinschuldner begründet, oder für ähnliche Rechtsbeziehungen mit den Gesellschaftern. **209**

Die für Kapitalgesellschaften vorgesehenen Gliederungsvorschriften der §§ 265, 275 - 277 HGB sind auf werbende Unternehmen abgestellt. Sie variieren je nachdem, welches **Größenkriterium** (dazu oben Rz. 174 ff) die Kapitalgesellschaft aufweist.[89] **210**

Bei der Abwicklung ist es im Regelfall erforderlich, ihren Besonderheiten durch eine erweiterte Gliederung Rechnung zu tragen, z. B. durch Hervorhebung der Kosten der Abwicklung (Löhne und Gehälter, Sachaufwendungen, Aufwendungen zur Auflösung bestehender Verträge, Verluste aus dem Abgang von Gegenständen des Anlagevermögens) und der Erträge aus dem Abgang von Gegenständen des Anlagevermögens.[90] **211**

Soweit der bisherige Betrieb fortgeführt wurde, sollten in der Gewinn- und Verlustrechnung das unmittelbare Abwicklungsergebnis sowie das Ergebnis aus der Betriebsfortführung getrennt gezeigt werden.[91] **212**

Beispielsweise kann für die Gewinn- und Verlustrechnung bei den sonstigen betrieblichen Erträgen und Aufwendungen folgende Untergliederung in Betracht kommen:[92] **213**

---

88) Ausführlich dazu: *Scherrer/Heni*, S. 209 ff.
89) *Scherrer/Heni*, S. 137 ff.
90) *Kilger/Karsten Schmidt*, KO, §125 Anm. 6.
91) *Förschle/Deubert*, in: Budde/Förschle, Rz. K 223. *Sarx*, in: Beck'scher Bilanzkommentar, 1. Aufl., Anhang 3, Rz. 237; *Kilger/Karsten Schmidt*, KO, § 125 Anm. 6.
92) *Förschle/Deubert*, in: Budde/Förschle, Rz. K 226.

Sonstige betriebliche Erträge:
- **Erlöse aus Vermietung und Verpachtung**
- **Verwertungserlöse**
  - Grundstücke und Gebäude
  - Maschinen und Betriebs- und Geschäftsausstattung
  - Beteiligungen, Wertpapiere
  - übriges Anlagevermögen
  - Umlaufvermögen
- **Übrige sonstige Erträge**
  - Zuschreibungen
  - Auflösungen von Rückstellungen
  - Wegfall von Verbindlichkeiten

Sonstige betriebliche Aufwendungen
- **Verluste aus der Verwertung von Vermögen**
  - Grundstücke und Gebäude
  - Maschinen und Betriebs- und Geschäftsausstattung
  - Beteiligungen, Wertpapiere
- **Kosten der Liquidation**
  - Beratungskosten, Gutachterkosten
  - Prüfungskosten
  - Löhne und Gehälter
  - Abfindungen, Sozialplanaufwendungen
  - Aufwendungen zur Ablösung bestehender Verträge
- **Übrige sonstige Aufwendungen**
  . . .

3. Anhang, Erläuterungsbericht

214 Die Erstellung eines Anhangs oder eines Erläuterungsberichts ist für die handelsrechtlich gebotenen Liquidationsbilanzen bei Einzelunternehmen oder Personenhandelsgesellschaften nicht erforderlich.

3. Anhang, Erläuterungsbericht

Für die Schlußbilanz der werbenden Kapitalgesellschaft ist wie für jeden Jahresabschluß die Erstellung eines Anhangs erforderlich, da es sich insoweit um den Jahresabschluß eines Rumpfwirtschaftsjahres handelt. Besonderheiten gelten insoweit nicht. Es sind je nach Größenkriterium der Kapitalgesellschaft unterschiedliche Angaben zu machen.[93] **215**

Für die Liquidations-Eröffnungsbilanz einer Kapitalgesellschaft ist die Erstellung eines Anhangs nicht erforderlich. Die Abwickler haben vielmehr nach § 270 Abs. 1 AktG oder nach § 71 Abs. 1 GmbHG einen die Liquidations-Eröffnungsbilanz erläuternden Bericht aufzustellen. Für die AG/KGaA bestand diese Verpflichtung bereits vor Inkrafttreten des Bilanzrichtliniengesetzes. Für die GmbH wurde die Verpflichtung zur Erstellung eines solchen Erläuterungsberichts in das GmbH-Gesetz mit dem Bilanzrichtliniengesetz neu aufgenommen.[94] **216**

In dem Erläuterungsbericht sind die Bilanzierungs- und Bewertungsgrundsätze darzustellen, die bei der Erstellung der Liquidations-Eröffnungsbilanz angewandt wurden.[95] Soweit Neubewertungen z. B. infolge des Wegfalls des Going-concern-Prinzips bis zu den Anschaffungskosten vorgenommen wurden, sind zusätzliche Angaben zu machen, inwieweit mögliche Veräußerungserlöse über diesen Anschaffungskosten liegen. Außerdem sind Ausführungen zu den Abwicklungskosten erforderlich, die in der Liquidations-Eröffnungsbilanz noch nicht bilanziert werden können, da sie wirtschaftlich noch nicht verursacht wurden. **217**

In der Praxis empfiehlt es sich, den Anhang für die Schlußbilanz der werbenden Kapitalgesellschaft und den Erläuterungsbericht zu der Liquidations-Eröffnungsbilanz zusammenzufassen, sofern nicht im Einzelfall unternehmenspolitische Gründe eine getrennte Berichterstattung sinnvoll erscheinen lassen. Außerdem ist auch eine Zusammenfassung des Erläuterungsberichts zu der Liquidations-Eröffnungsbilanz und des Lageberichts zu der Schlußbilanz der werbenden Gesellschaft möglich.[96] **218**

Für die laufenden Liquidations-Jahresabschlüsse ist bei Kapitalgesellschaften in Anwendung der handelsrechtlichen Vorschriften ein Anhang zu erstellen. Er hat die nach §§ 284 - 288 HGB sowie nach den ergänzenden Einzelvorschriften erforderlichen Angaben zu enthalten, soweit sie nicht durch die Zwecksetzung der Abwicklung gegenstandslos geworden sind. Auch insoweit ist zu be- **219**

---

93) Vgl. *Niemann*, in: Beck'sches Steuerberater-Handbuch, Teil B Rz. 2001 ff; *Kilger/ Karsten Schmidt*, KO, § 86 Anm. 1 a.
94) *Scherrer/Heni*, S. 129 ff.
95) *Scherrer/Heni*, S. 129 ff.
96) *Förschle/Deubert*, in: Budde/Förschle, Rz. K 171 ff, 175.

IV. Erstellung des handelsrechtlichen Jahresabschlusses

rücksichtigen, daß die Berichterstattung je nach dem Größenkriterium der Kapitalgesellschaft unterschiedlich ist.[97]

220 Die Besonderheiten des Anhangs einer in Abwicklung befindlichen Kapitalgesellschaft ergeben sich aus den besonderen Bewertungsfragen während der Abwicklung. Bei der allgemeinen Erläuterung der Bilanzierungs- und Bewertungsmethoden gewinnen folgende Angaben und Erläuterungen eine besondere Bedeutung:

- Angaben zur Bewertung der bisher als Anlagevermögen ausgewiesenen Vermögensgegenstände, die in den laufenden Liquidationsbilanzen in das Umlaufvermögen umgegliedert wurden;

- Angaben, inwieweit eine eventuelle Betriebs- oder Teilbetriebsfortführung praktiziert und das Going-concern-Prinzip (§ 252 Abs. 1 Nr. 2 HGB) angewandt wurde;

- Angaben darüber, ob und inwieweit von dem Grundsatz der Bewertungsstetigkeit abgewichen wurde; dies gilt z. B. für den Fall der Änderung der Abschreibungsdauer etc.;

- Angaben und Erläuterungen, wenn Beträge einzelner Abschlußposten nicht mit den Angaben des Vorjahres vergleichbar sind (§ 265 Abs. 2 Satz 2 HGB);

- zusätzliche Angaben, soweit der Jahresabschluß wegen der besonderen Umstände der Insolvenz ein den tatsächlichen Verhältnissen entsprechendes Bild der Vermögens-, Finanz- und Ertragslage nicht vermittelt (§ 264 Abs. 2 HGB). Insoweit empfiehlt es sich, handelsbilanziell noch nicht realisierbare stille Reserven aufzuzeigen und handelsbilanziell noch nicht zu passivierende Verbindlichkeiten zu erläutern.

221 Im Anhang sind die einzelnen Posten der Bilanz zu erläutern. Hierbei gewinnen bei Insolvenzverfahren besondere Bedeutung:

- Erläuterungen von Beträgen mit einem größeren Umfang, die für Verbindlichkeiten ausgewiesen werden, die erst nach dem Abschlußstichtag rechtlich entstehen (§ 268 Abs. 5 HGB);

- Erläuterung und Angabe der Bilanzierungshilfe für aktivische latente Steuern sowie der Rückstellung für passivische latente Steuern;

- Angabe und Erläuterung von Rückstellungen, die in der Bilanz unter dem Posten "Sonstige Rückstellungen" nicht gesondert ausgewiesen werden (§ 285 Nr. 12 HGB);

---

97) *Förschle/Deubert*, in: Budde/Förschle, Rz. K 188.

- Angabe des Betrages der gesicherten Verbindlichkeiten unter Angabe von Art und Form der Sicherheiten, und zwar als Gesamtbetrag der entsprechenden Verbindlichkeiten und für jeden Posten der Verbindlichkeiten nach dem vorgeschriebenen Gliederungsschema (§ 285 Nr. 1 Buchst. b, Nr. 2 HGB).

Bei der Erläuterung der Einzelposten der Gewinn- und Verlustrechnung gewinnen in Insolvenzverfahren besondere Bedeutung: 222

- die Angabe des Betrages der außerplanmäßigen Abschreibungen nach § 253 Abs. 2 Satz 3, Abs. 3 Satz 3 HGB (vgl. § 277 Abs. 3 HGB);
- die Erläuterung der außerordentlichen Aufwendungen und Erträge hinsichtlich ihres Betrages und ihrer Art (§ 277 Abs. 4 Satz 2 HGB);
- die Angabe, in welchem Umfang die Ertragsteuern auf das außerordentliche und ordentliche Ergebnis entfallen (§ 285 Nr. 6 HGB).

Ebenso wie für die laufenden Jahre des Abwicklungszeitraums Jahresabschlüsse - und damit bei Kapitalgesellschaften jeweils ein Anhang - zu erstellen sind, muß auch für die Schlußbilanz ein Anhang erstellt werden, der über die Werte der Schlußbilanz sowie die Vorgänge im letzten (Rumpf-)Wirtschaftsjahr berichtet. 223

4. Lagebericht

Für Einzelkaufleute und Personenhandelsgesellschaften ist die Erstellung eines Lageberichts gesetzlich nicht vorgesehen. Bei Kapitalgesellschaften ist hingegen sowohl für die Schlußbilanz der werbenden Gesellschaft als auch für die laufenden Liquidationsbilanzen in Anwendung von § 289 HGB die Erstellung eines Lageberichts geboten.[98] Lediglich bei Erstellung der Liquidations-Eröffnungsbilanz bedarf es keines Lageberichts, sondern nur des in § 270 AktG, § 71 Abs. 1 - 3 GmbHG genannten Erläuterungsberichts. 224

Das Erfordernis eines Lageberichts bei Kapitalgesellschaften ergibt sich auch für die Liquidations-Schlußbilanz, da es sich insoweit um den Abschluß für das letzte (Rumpf-)Wirtschaftsjahr handelt. 225

Die in § 289 Abs. 1 HGB geforderte Darstellung des Geschäftsverlaufs und der Lage der Kapitalgesellschaft muß sich im wesentlichen auf die Berichterstattung über den Fortschritt der Abwicklung erstrecken. Dabei sind auch Aussagen über die noch zu erzielenden Veräußerungserlöse bei den jeweils noch zu versilbernden Gegenständen erforderlich.[99] 226

---

[98] *Förschle/Deubert*, in: Budde/Förschle, Rz. K 194 ff.
[99] Vgl. *Niemann*, in: Beck'sches Steuerberater-Handbuch, Teil C Rz. 7 ff.

IV. Erstellung des handelsrechtlichen Jahresabschlusses

227 Soweit § 289 Abs. 2 HGB verlangt, daß auf Vorgänge von besonderer Bedeutung einzugehen ist, die nach dem Schluß des Geschäftsjahres eingetreten sind, muß sich die Berichterstattung darauf erstrecken, welche Vorgänge den weiteren Verlauf der Abwicklung positiv oder negativ beeinflussen. Die Berichterstattung über die voraussichtliche Entwicklung der Gesellschaft (§ 289 Abs. 2 Nr. 2 HGB) erstreckt sich auf die voraussichtliche weitere Abwicklung und ihre Beendigung.

228 Im wesentlichen sind im Insolvenzverfahren von Bedeutung:
- Änderung des Unternehmenszweckes, z. B. Wiederaufnahme der werbenden Tätigkeit,
- Zusammenschlüsse mit anderen Unternehmen sowie
- Teilbetriebsveräußerungen oder Stillegungen.

229 Die Berichterstattung über die voraussichtliche Entwicklung der Liquidation betrifft insbesondere geplante oder bereits eingeleitete Liquidationsmaßnahmen bei Personal, Produktion oder Absatz. Sie sollte auch eine Prognose über das voraussichtliche Ende der Liquidation einschließen. Im Rahmen der Berichterstattung über die in- und ausländischen Zweigniederlassungen gemäß § 289 Abs. 2 Nr. 4 HGB sind zunächst die wirtschaftlich wesentlichen Eckdaten, d. h. Umsatz und Ergebnis, zu nennen.[100]

230 Soweit nach § 289 Abs. 2 Nr. 3 HGB weitere Angaben zu dem Bereich Forschung und Entwicklung gefordert werden, erübrigt sich in Insolvenzverfahren eine besondere Berichterstattung, da im Regelfall Forschungs- und Entwicklungsmaßnahmen nicht mehr vorgenommen werden.

5. Exkurs: Prüfung und Offenlegung von Jahresabschlüssen

231 Die in Betracht kommenden Abschlüsse von Einzelunternehmen und Personenhandelsgesellschaften unterliegen grundsätzlich nicht der Prüfungspflicht. Demgegenüber unterliegen bei mittelgroßen und großen Kapitalgesellschaften sowohl der letzte Jahresabschluß der werbenden Gesellschaft als auch die Liquidations-Eröffnungsbilanz und die laufenden Liquidations-Jahresabschlüsse der Prüfung gemäß §§ 316 - 324 HGB. Dies gilt auch für den letzten Jahresabschluß im Abwicklungszeitraum. Bei der Prüfung der Liquidations-Eröffnungsbilanz erstreckt sich die Prüfungspflicht auch auf den Erläuterungsbericht.

232 Soweit das Konkurs- oder künftig das Insolvenzgericht verpflichtet ist, die Schlußrechnung noch auf ihre rechnerische und inhaltliche Richtigkeit hin zu prüfen, handelt es sich nicht um eine Spezialvorschrift zu den handelsrechtli-

---

100) *Förschle/Deubert*, in: Budde/Förschle, Rz. K 196.

5. Exkurs: Prüfung und Offenlegung von Jahresabschlüssen

chen Prüfungsvorschriften. § 270 AktG, § 71 Abs. 1 - 3 GmbHG verweisen für Liquidationsbilanzen und damit auch für die Rechnungslegung in Insolvenzverfahren auf §§ 316 - 324 HGB, die neben der Prüfung der konkursrechtlichen Rechnungslegung eine Prüfung der handelsrechtlichen Abschlüsse erfordern.[101]

233 Der in Betracht kommende **Abschlußprüfer** wird nach § 318 Abs. 1 HGB durch die Gesellschafter gewählt. Ihre Rechtsposition bleibt durch den Konkurs insoweit unberührt, als die Wahl des Abschlußprüfers nicht dem Konkurszweck entgegensteht. Soweit bei Gesellschaften mit beschränkter Haftung der Gesellschaftsvertrag vorsieht, daß der Abschlußprüfer durch den Geschäftsführer zu wählen ist, geht dieses Recht im Konkursfall auf den Konkursverwalter über. Der Abschlußprüfer soll jeweils vor Ablauf des Geschäftsjahres gewählt werden, auf das sich seine Prüfungstätigkeit erstreckt (§ 318 Abs. 1 Satz 3 HGB).

234 Die Auftragserteilung an den Abschlußprüfer erfolgt in entsprechender Anwendung von § 318 Abs. 1 Satz 4 HGB durch den Konkursverwalter. Der Auftrag muß unverzüglich nach der Wahl des Abschlußprüfers erteilt werden.

235 Der Kreis der möglichen Abschlußprüfer ergibt sich aus § 319 HGB. Danach können Wirtschaftsprüfer und Wirtschaftsprüfungsgesellschaften jederzeit Abschlußprüfer sein. Bei Jahresabschlüssen und Lageberichten mittelgroßer Gesellschaften mit beschränkter Haftung können als Abschlußprüfer auch vereidigte Buchprüfer und Buchprüfungsgesellschaften herangezogen werden. Die Ausschlußgründe für die Tätigkeit als Abschlußprüfer ergeben sich aus § 319 Abs. 2 HGB.

236 Das zuständige Gericht kann nach § 270 Abs. 3 AktG, § 71 Abs. 3 GmbHG von der Abschlußprüfung befreien, wenn die Verhältnisse der Gesellschaft so überschaubar sind, daß eine Prüfung im Interesse der Gläubiger und Aktionäre nicht geboten erscheint. Diese **Befreiungsmöglichkeit** betrifft sowohl die Prüfung der Liquidations-Eröffnungsbilanz und des erläuternden Berichts als auch die Prüfung der laufenden Liquidations-Jahresabschlüsse und der Schlußbilanz für das letzte (Rumpf-)Wirtschaftsjahr. Das Gericht hat dabei im einzelnen zu entscheiden, wann die Verhältnisse der Gesellschaft überschaubar sind. Bei großen Kapitalgesellschaften wird die Überschaubarkeit nur selten in Frage kommen. Bei mittelgroßen Kapitalgesellschaften wird die Vermögens- und Kapitalstruktur entscheidend sein.[102] Die Befreiungsmöglichkeit gilt allerdings nicht für den letzten Jahresabschluß der werbenden Gesellschaft.

---

101) Zum Prüfungsauftrag des Gerichts vgl. *Kilger/Karsten Schmidt*, KO, § 86 Anm. 5 a; *Kuhn/Uhlenbruck*, KO, § 86 Rz. 7 ff; *Scherrer/Heni*, S. 143 ff.
102) *Förschle/Deubert*, in: Budde/Förschle, Rz. K 266 ff; *Scherrer/Heni*, S. 149 f.

IV. Erstellung des handelsrechtlichen Jahresabschlusses

237 Die in Betracht kommenden Abschlüsse von Einzelunternehmen und Personenhandelsgesellschaften sind grundsätzlich nicht offenlegungspflichtig. Für die Offenlegung der Liquidations-Eröffnungsbilanz und der laufenden Liquidations-Jahresabschlüsse einschließlich der Schlußbilanzen von Kapitalgesellschaften gelten die Regelungen der §§ 325 - 329 HGB.[103]

---

103) *Förschle/Deubert*, in: Budde/Förschle, Rz. K 276.

V. Rechnungslegung gegenüber der Finanzverwaltung
1. Steuerrechtliche Pflichten des Sequesters

Die Sequestration hat ihre rechtliche Grundlage in der Befugnis des Konkursgerichts, nach Eingang des Konkursantrags und vor Eröffnung des Konkursverfahrens nach § 106 KO Maßnahmen zur Sicherung der künftigen Masse zu treffen.[104] 238

Bei der Sequestration unterscheidet man zwischen der passiven Sicherungssequestration und der aktiven Verwaltungssequestration. Die Sicherungssequestration ist der Regelfall. Sie dient der Sicherung der späteren Konkursmasse vor vermögensmindernden Handlungen des Schuldners und einzelner Gläubiger. Bei der Verwaltungssequestration werden dem Sequester weitgehend die Befugnisse eines Konkursverwalters eingeräumt. 239

Der Verwaltungssequester ist steuerrechtlich dem Konkursverwalter gleichzusetzen. Ihm obliegen die steuerrechtlichen Pflichten nach § 34 Abs. 3 AO, soweit seine Verwaltung reicht.[105] 240

Die steuerrechtlichen Pflichten des Sicherungssequesters sind nicht eindeutig geregelt. *Uhlenbruck* sieht für den Sicherungssequester weder die Voraussetzungen des § 34 Abs. 3 AO noch die des § 35 AO als erfüllt an,[106] da der Sicherungssequester weder verwaltende Funktionen hat noch Verfügungsberechtigter ist. Die herrschende Meinung[107] wendet demgegenüber § 34 Abs. 3 AO entsprechend an mit der Folge, daß den Sicherungssequester die steuerlichen Pflichten des Gemeinschuldners treffen, soweit seine Tätigkeit reicht. Dieser Meinung ist zu folgen, da die sichernde Tätigkeit des Sequesters verwaltungsähnlichen Charakter hat. Im übrigen sollte der Umfang der steuerrechtlichen Pflichten nicht von dem Inhalt des jeweiligen Sequestrationsbeschlusses des Konkursgerichts abhängen. Der steuerrechtliche Aufgabenbereich eines Sequesters muß vielmehr klar abgegrenzt sein. 241

Danach hat der Sequester regelmäßig Voranmeldungen und Steuererklärungen abzugeben, soweit der Termin in die Zeit seiner Tätigkeit fällt.[108] Dies gilt insbesondere auch für die Umsatzsteuervoranmeldung sowie die Lohnsteuervoranmeldung. Nach § 18 Abs. 1 UStG hat der Unternehmer bis zum zehnten Tag nach Ablauf jedes Kalendermonats eine Umsatzsteuervoranmeldung ab- 242

---

104) *Kuhn/Uhlenbruck*, KO, § 106 Rz. 6.
105) *Kuhn/Uhlenbruck*, KO, § 106 Rz. 12; *Tipke/Kruse*, § 34 AO Rz. 14a; *Kramer*, S. 123 f; *Braun*, S. 70 ff.
106) *Kuhn/Uhlenbruck*, KO, § 106 Rz. 12; so auch *Kramer*, S. 131.
107) *Tipke/Kruse*, § 34 AO Rz. 14a; *Frotscher*, S. 51; *Onussteit/Kunz*, Rz. 133 f; *Hess/Boochs/Weis*, Rz. 1044.
108) *Braun*, S. 99 ff; *Hess/Boochs/Weis*, Rz. 1052.

zugeben, in der er die Umsatzsteuer selbst zu berechnen hat. Der Voranmeldungszeitraum des § 18 Abs. 1 UStG wird nach heute allgemeiner Meinung weder durch die Konkurseröffnung noch durch die Anordnung der Sequestration unterbrochen. Jedenfalls ist der Sequester verpflichtet für die Voranmeldungszeiträume, die in die Sequestration fallen, Umsatzsteuervoranmeldungen abzugeben.

243 Der Arbeitgeber hat gemäß § 41a Abs. 1 EStG spätestens am zehnten Tage nach Ablauf des Lohnsteuer-Anmeldungszeitraumes eine Lohnsteueranmeldung beim Betriebsstättenfinanzamt abzugeben. Diese Pflicht trifft auch den Sequester, soweit die Fälligkeit in den Sequestrationszeitraum fällt.[109]

244 Strittig ist insoweit nur die Frage, ob der Sequester die angemeldete Umsatzsteuer auch abzuführen hat. In der Steuerrechtsliteratur ist diese Abführungspflicht des Sequesters bejaht worden, da die Vereinnahmung des Warenwertes zuzüglich Umsatzsteuer das sequestrierte Vermögen um den Umsatzsteuerbetrag bereichert.[110] Nach Auffassung des Bundesfinanzhofs besteht eine Pflicht zur Abführung der „Sequestrations-Umsatzsteuer" nicht.[111] Danach ist der Sequester lediglich verpflichtet, die zur Aufrechterhaltung des Betriebes zwingend erforderlichen Notmaßnahmen zu ergreifen, wozu die Zahlung der Umsatzsteuer nicht gehört. Zahlungen auf die Umsatzsteuer, die eine Konkursforderung darstellt, würde den Interessen der Gläubiger zuwiderlaufen und zu einer Verringerung des Massebestandes und damit zur Gläubigerbenachteiligung führen. Man sollte der Rechtsprechungsmeinung folgen und davon ausgehen, daß der Sequester die Vorsteuer anzumelden, aber nicht abzuführen hat.[112] Im übrigen besteht unter keinen Umständen eine Abführungspflicht für die Umsatzsteuerschulden, die vor Anordnung der Sequestration begründet worden sind. Werden während der Sequestration Lohnzahlungen getätigt, so muß der Sequester die gemäß § 38 Abs. 3 EStG einbehaltene Lohnsteuer abführen.[113]

2. Steuerrechtliche Pflichten des Konkursverwalters

245 Mit der Eröffnung des Konkursverfahrens verliert der Gemeinschuldner die Befugnis, über sein zur Konkursmasse gehörendes Vermögen zu verfügen und dasselbe zu verwalten (§ 6 Abs. 1 KO). Diese Befugnis geht auf den Konkurs-

---

109) *Onusseit/Kunz*, Rz. 147.
110) *Braun*, S. 150 ff; *Reiß*, DVR 1987, 54; *ders.*, UR 1989, 210, 211.
111) BFH, Urt. v. 29. 4. 1986 - VII R 184/83, ZIP 1986, 849, dazu EWiR 1986, 713 *(Onusseit)*.
112) So auch *Onusseit/Kunz*, Rz. 151 ff).
113) BFH, Urt. v. 29. 4. 1986 - VII R 184/83, ZIP 1986, 849, 851, dazu EWiR 1986, 713 *(Onusseit)*.

2. Steuerrechtliche Pflichten des Konkursverwalters

verwalter über (§ 6 Abs. 2 KO). Er gehört damit zu dem Kreis derjenigen Personen, die eine Vermögensverwaltung für einen anderen ausüben. Der Konkursverwalter hat daher nach § 34 Abs. 3 i. V. m. Abs. 1 AO alle steuerlichen Pflichten zu erfüllen, die den Personen, deren Vermögen er verwaltet, obliegen.[114]

Dem Konkursverwalter obliegt neben den allgemeinen steuerrechtlichen Aufwendungs- und Buchführungspflichten die Pflicht zur Erstellung von Jahresabschlüssen und die Abgabe von Steuervoranmeldung und -erklärungen für die Zeit vor und nach Konkurseröffnung sowie die Berichtigung von Steuervoranmeldung und -erklärungen für die Zeit vor und nach Konkurseröffnung. **246**

Dem Gemeinschuldner obliegt die Abgabe von Erklärungen, die den konkursfreien Bereich betreffen. Hierzu zählt nicht die Abgabe der Erklärung zur gesonderten und einheitlichen Gewinnfeststellung, da deren Folgen nicht die Gewinnfeststellung, sondern die Gesellschafter persönlich berühren.[115] Die aus § 34 Abs. 3 i. V. m. Abs. 1 AO resultierende Pflicht ist öffentlich-rechtlicher Natur und nicht durch privatrechtliche Vereinbarung abdingbar.[116] **247**

Kommt der Konkursverwalter seinen Verpflichtungen nicht nach, so sind Zwangsmaßnahmen nach §§ 328, 329, 332, 333 AO gegen ihn zulässig. Sowohl Zwangsgeldandrohungen als auch ein Festsetzungsbescheid können jedoch immer nur gegen den Konkursverwalter persönlich ergehen und sich nicht gegen die Masse richten.[117] **248**

Für die ihm obliegenden steuerrechtlichen Pflichten haftet der Konkursverwalter nach § 34 Abs. 3, § 69 Abs. 1 AO persönlich, soweit durch ihre vorsätzliche oder grob fahrlässige Verletzung Steueransprüche nicht oder nicht rechtzeitig festgesetzt werden oder erfüllt werden können. Für leichte Fahrlässigkeit kann die Haftung nicht über § 82 KO begründet werden, da § 69 AO als Spezialnorm die Haftung für leichte Fahrlässigkeit ausschließt.[118] Allerdings können sich die Finanzbehörden auch auf außersteuerliche Haftungstatbestände **249**

---

114) Vgl. BFH, Urt. v. 10. 10. 1951 - IV 144/51, BStBl 1951 III, 212, 213; zuletzt BFH, Beschl. v. 12. 11. 1992 - IV B 83/91, BStBl 1993 II, 265; *Frotscher*, S. 33 ff; *Onusseit/Kunz*, Rz. 23; *Pink*, S. 178.
115) BFH, Urt. v. 12. 11. 1992 - IV B 83/91, ZIP 1993, 374 = BStBl 1993 II, 265, dazu EWiR 1993, 219 *(App)*; BFH, Urt. v. 23. 8. 1994 - VII R 143/92, DStR 1995, 18; BGH, Urt. v. 1. 12. 1982 - VIII ZR 206/81, ZIP 1983, 51, 53; *Kilger/Karsten Schmidt*, KO, § 6 Anm. 5 a; *Kuhn/Uhlenbruck*, KO, § 6 Rz. 46k; *Kilger*, ZIP 1980, 25; *Tipke/Kruse*, § 34 AO Rz. 14; a. A. *Klasmeyer/Kübler*, BB 1978, 369.
116) Vgl. BFH BStBl 1969 II, 539.
117) Vgl. *Geist*, Rz. 1824; *Frotscher*, S. 20.
118) Vgl. *Stirnberg*, BB 1990, 1525; a. A. *Braun*, DStZ 1988, 93, und *Tipke/Kruse*, § 69 AO Rz. 26a; zum Verhältnis von § 69 AO und § 82 KO vgl. *Kramer*, S. 163 ff.

stützen, wie z. B. § 419 BGB, §§ 25, 27, 128 HGB.[119] Dies ergibt sich im übrigen auch aus § 191 Abs. 4 AO.

250 Der Konkursverwalter ist nicht nur steuerrechtlich, sondern allen Beteiligten, insbesondere auch der Masse gegenüber verpflichtet, für die ordnungsgemäße Erfüllung der steuerlichen Buchführungs- und Steuererklärungspflichten zu sorgen. Dies ergibt sich aus § 82 KO. Soweit dem Konkursverwalter Fehler in steuerlicher Hinsicht anzulasten sind, benachteiligen diese auch die übrigen Beteiligten, insbesondere die Konkursmasse, soweit diese durch die Pflichtverletzung geschmälert wird.

3. Steuerrechtliche Pflichten des Verwalters nach der Gesamtvollstreckungsordnung

251 Auch im Gesamtvollstreckungsverfahren ist die Einsetzung eines Sequesters vor Eröffnung des Verfahrens möglich. Ihn treffen dieselben steuerrechtlichen Pflichten wie den Sequester im Konkursverfahren.[120] Die steuerlichen Pflichten des Verwalters im Gesamtvollstreckungsverfahren sind ebenfalls dieselben wie die des Konkursverwalters. Er hat nach § 34 Abs. 3 AO die steuerrechtlichen Pflichten des Schuldners zu erfüllen, soweit diese zum Verwaltungsbereich der Masse gehören.[121]

252 Der Verwalter ist auch im Gesamtvollstreckungsverfahren nicht nur steuerrechtlich, sondern allen Beteiligten gegenüber verpflichtet, für die ordnungsgemäße Erfüllung der steuerlichen Buchführungs- und Steuererklärungspflichten zu sorgen. Insoweit ergibt sich seine Verpflichtung aus § 8 GesO.

4. Steuerrechtliche Pflichten des Verwalters nach der Insolvenzordnung

253 Nach der künftig geltenden Insolvenzordnung stellt sich die Frage nach den steuerrechtlichen Pflichten eines Sequesters nicht mehr. Statt dessen kann nach § 21 Abs. 2 Nr. 1 InsO ein vorläufiger Insolvenzverwalter bestellt werden, der die Rechtstellung eines Verwaltungssequesters innehat (§ 22 Abs. 1 InsO). Auf ihn geht wie auf den Verwalter das Verwaltungs- und Verfügungsrecht nach § 80 Abs. 1 InsO über. Sowohl dem vorläufigen als auch dem endgültigen Insolvenzverwalter obliegen daher wie nach heutigem Recht sämtliche steuerrechtlichen Rechte und Pflichten (§ 34 Abs. 3 i. V. m. Abs. 1 AO). Die-

---

119) *Kramer*, S. 155.
120) *Hess/Boochs/Weis*, Rz. 1071.
121) *Hess/Binz/Wienberg*, GesO, § 17 Rz. 2d; *Haarmeyer/Wutzke/Förster*, GesO, § 8 Rz. 73 ff.

5. Ermittlung des steuerlichen Gewinns

se Pflichten treffen den Insolvenzverwalter gleichfalls gegenüber sämtlichen Beteiligten (§ 60 InsO).

Soweit nach künftigem Recht ein Insolvenzverfahren auch über das Vermögen einer **BGB-Gesellschaft** für zulässig erklärt wird, ergeben sich keine Besonderheiten. Auch insoweit gehen die steuerrechtlichen Rechte und Pflichten auf den Insolvenzverwalter über, wobei - wie bisher bei Personenhandelsgesellschaften - die Abgabe der Erklärung zur gesonderten und einheitlichen Gewinnfeststellung zum konkursfreien Bereich zählt und nicht dem Insolvenzverwalter obliegt. **254**

Bei den neu geschaffenen Möglichkeiten der Restschuldbefreiung (§§ 286 ff InsO) sowie bei den neuen Verbraucher-Insolvenzverfahren und sonstigen Kleinverfahren (§§ 304 ff InsO) ergeben sich keine Besonderheiten. Auch hier hat der Insolvenzverwalter die steuerlichen Pflichten des Gemeinschuldners zu erfüllen, da ihm und nicht dem Eigentümer die Vermögensverwaltung obliegt, § 34 Abs. 3 i. V. m. Abs. 1 AO. Soweit im Verfahren der Restschuldbefreiung ein Treuhänder bestellt wird, ist auch dieser verpflichtet, die steuerrechtlichen Pflichten zu erfüllen. Insoweit ergibt sich die Verpflichtung aus § 35 AO, da der Treuhänder Verfügungsberechtigter über die an ihn abgetretenen Forderungen ist. Entsprechendes gilt für Verbraucher-Insolvenzverfahren und sonstige Kleinverfahren, soweit dort ein Treuhänder einzusetzen ist. **255**

5. Ermittlung des steuerlichen Gewinns

a) Gewinnermittlung für das jeweils laufende Wirtschaftsjahr

Im folgenden wird davon ausgegangen, daß der steuerliche Gewinn von solchen Gewerbetreibenden zu ermitteln ist, die aufgrund gesetzlicher Vorschriften verpflichtet sind, Bücher zu führen und regelmäßig Abschlüsse zu machen, oder die ohne eine solche Verpflichtung Bücher führen und regelmäßig Abschlüsse machen. **256**

Bei den genannten Personen ist nach § 5 Abs. 1 EStG für die Ermittlung des steuerlichen Gewinns von dem Betriebsvermögen auszugehen, "das nach den handelsrechtlichen Grundsätzen ordnungsmäßiger Buchführung auszuweisen ist". Die Handelsbilanz, deren Inhalt durch die Grundsätze ordnungsgemäßer Buchführung geprägt ist, bindet somit grundsätzlich die Steuerbilanz. Man bezeichnet diese in § 5 Abs. 1 EStG verankerte Bindung als "Grundsatz der Maßgeblichkeit" der Handelsbilanz für die Steuerbilanz. **257**

Unterschiede zwischen Handelsbilanz und Steuerbilanz können sich aus Abweichungen zwischen handels- und steuerrechtlichen Bilanzierungsgrundsätzen und unterschiedlichen Aktivierungs-, Passivierungs- und Bewertungsregeln ergeben. **258**

V. Rechnungslegung gegenüber der Finanzverwaltung

Beispiele:

- Ansatz höherer Abschreibungen in der Handelsbilanz als in der Steuerbilanz (andere Abschreibungsmethoden, Nutzungsdauer),
- Nichtaktivierung oder schnellere Abschreibung des Geschäfts- oder Firmenwerts in der Handelsbilanz (§ 255 Abs. 4 HGB, § 7 Abs. 1 Satz 3 EStG),
- niedrigerer Ansatz der Herstellungskosten in der Handelsbilanz (§ 255 Abs. 2 HGB, Abschn. 33 EStR),
- höhere Abschreibungen auf Vorräte (einschließlich des Bewertungswahlrechts nach § 253 Abs. 3 Satz 3 HGB) und auf Forderungen in der Handelsbilanz; höhere Abzinsungsfaktoren auf Forderungen in der Handelsbilanz,
- Ausbuchung des Disagios in der Handelsbilanz gemäß § 250 Abs. 3 HGB gegenüber der Aktivierung und planmäßigen Abschreibung gemäß Abschn. 37 Abschn. 3 EStR,
- Ansatz von Aufwandsrückstellungen gemäß § 249 Abs. 2 HGB; Rückstellungen für unterlassene Instandhaltung (Nachholung innerhalb von vier bis zwölf Monaten gemäß § 249 Abs. 1 Satz 3 HGB) und anderer steuerrechtlich nicht abzugsfähiger Rückstellungen,
- Abzinsung von Pensionsrückstellungen mit einem Zinsfuß, der unter dem nach § 6a Abs. 3 Satz 3 EStG anzuwendenden Satz liegt,
- Nachaktivierungen oder Kürzungen von Rückstellungen und anderen Passivposten im Rahmen steuerlicher Außenprüfungen,
- Zuschreibungen im abnutzbaren Anlagevermögen gemäß § 280 Abs. 1 HGB nur in der Handelsbilanz,
- Bewertung nach der Lifo- oder Fifo-Methode[122] in der Handelsbilanz gegenüber der Durchschnittsbewertung in der Steuerbilanz bei steigenden Preisen,
- Aktivierung von Fremdkapitalzinsen in der Handelsbilanz gemäß § 255 Abs. 3 HGB, soweit die Herstellungsdauer nur eine Periode umfaßt.

259 Generell gilt für Unterschiede zwischen Handels- und Steuerbilanz, die auf Abweichungen zwischen handels- und steuerrechtlichen Bilanzierungsgrundsätzen beruhen, daß handelsrechtliche Bilanzierungswahlrechte steuerlich nicht zu berücksichtigen sind, weil es dem Sinn der steuerlichen Gewinnermittlung entspricht, den vollen Gewinn zu erfassen. Demgemäß ist ein Aktivposten, der in die Handelsbilanz eingestellt werden darf, aber nicht muß, in der

---

122) Vgl. dazu *Niemann/Schmidt*, in: Beck'sches Steuerberater-Handbuch, Teil A Rz. 836 f.

5. Ermittlung des steuerlichen Gewinns

Steuerbilanz zwingend auszuweisen. Andererseits ist ein Passivposten, der in der Handelsbilanz bilanziert werden darf, aber nicht muß, in die Steuerbilanz grundsätzlich nicht aufzunehmen.[123]

Weitere Unterschiede zwischen handels- und steuerrechtlicher Gewinnermittlung beruhen auf Zu- und Abrechnungen außerhalb der Steuerbilanz. Hierbei handelt es sich um Erhöhungen oder Kürzungen des Steuerbilanzergebnisses, die im Rahmen der steuerrechtlichen Einkommensermittlung außerhalb der Steuerbilanz vorgenommen werden. 260

Beispiele:

- erfolgswirksame Vorgänge auf Gesellschafterebene, wie z. B. verdeckte Gewinnausschüttungen,
- nicht abzugsfähige Aufwendungen, wie z. B. nicht absetzbare Steuern (Vermögensteuer etc.),
- steuerfreie Erträge, wie z. B. steuerfreie Zinsen (Investitionszulage), steuerfreie Schachtelerträge aus dem Ausland etc.

Abweichungen zwischen Handelsbilanz und Steuerbilanz ergeben sich schließlich aus Unterschieden bei der Zurechnung bestimmter Wirtschaftsgüter zum bilanzierbaren Betriebsvermögen. Diese Unterschiede betreffen im wesentlichen Einzelunternehmen und Personenhandelsgesellschaften. Zum Beispiel sind im Alleineigentum eines Personengesellschafters stehende Vermögensgegenstände, die - etwa im Rahmen eines Mietverhältnisses - im Betrieb der Gesellschaft genutzt werden, steuerlich als Betriebsvermögen zu behandeln, handelsrechtlich hingegen nicht. Die unterschiedlichen Zurechnungsgrundsätze können dazu führen, daß in der Steuerbilanz konkursfreies Vermögen, z. B. Sonderbetriebsvermögen vom Kommanditisten, zu bilanzieren ist. 261

b) Änderung der Gewinnermittlung für Wirtschaftsjahre vor Konkurseröffnung

In Insolvenzverfahren spielt die Änderung der Gewinnermittlung für Wirtschaftsjahre vor Konkurseröffnung eine wesentliche Rolle, sofern Anhaltspunkte dafür bestehen, daß zur Vermeidung einer Insolvenz die Ergebnisse vor Konkurseröffnung "geschönt" wurden. Nicht selten wurden vor Eintritt eines Konkurses - in der Regel aufgrund von Manipulationen - positive Ergebnisse gezeigt, um eine Insolvenz zu vermeiden. Höhere Steuerzahlungen wurden dabei in Kauf genommen.[124] 262

---

123) Vgl. Beschluß des Großen Senats des BFH v. 27. 11. 1968 - III 244/64 BStBl 1969 II, 250, 251.
124) *Kuhn/Uhlenbruck*, KO, § 6 Rz. 46n; *Pink*, S. 191.

V. Rechnungslegung gegenüber der Finanzverwaltung

263 Die Änderung der Gewinnermittlung für Wirtschaftsjahre vor Konkurseröffnung hat ebenfalls aufgrund der Maßgeblichkeit der Handelsbilanz zunächst in der Handelsbilanz zu erfolgen.[125] Handelsrechtlich ist eine Änderung des Jahresabschlusses ohne Einschränkung bis zur Feststellung des Jahresabschlusses zulässig und geboten, da bis zu diesem Zeitpunkt nur ein unverbindlicher Bilanzentwurf vorliegt.[126] Nach Bilanzfeststellung ist eine Berichtigung von fehlerhaften Bilanzansätzen zulässig, aber nicht zwingend geboten. Es wird in der Regel für ausreichend angesehen, daß der Fehler im laufenden handelsrechtlichen Jahresabschluß korrigiert wird.[127]

264 Nur im Falle nicht geheilter Nichtigkeit des früheren Jahresabschlusses oder erfolgreicher Anfechtung wegen eines fehlerhaften Bilanzansatzes erfolgt eine Rückberichtigung bis zur Fehlerquelle. Der handelsrechtliche Jahresabschluß kann dabei unbeschränkt unter Berücksichtigung aller zwischenzeitlichen Erkenntnisse berichtigt werden.[128]

265 Hinsichtlich der Steuerbilanz hat der Konkursverwalter nur unter bestimmten Voraussetzungen die Möglichkeit, die Steuerbilanzen für die Zeit vor Konkurseröffnung zu ändern und auf diese Weise die Rückerstattungsansprüche zur Masse zu ziehen. Die steuerrechtliche Zulässigkeit hängt davon ab, ob eine sogenannte „Bilanzänderung" oder „Bilanzberichtigung" vorgenommen werden soll.[129]

266 Wenn steuerrechtlich verschiedene Ansätze für die Bewertung eines Wirtschaftsgutes zulässig sind und demgemäß ein Bewertungswahlrecht besteht, so wurde durch die Einreichung der Steuererklärung an das Finanzamt eine Entscheidung hinsichtlich dieses Wahlrechts getroffen. Eine Änderung dieser Entscheidung zugunsten eines anderen zulässigen Ansatzes (sogenannte **Bilanzänderung**) ist nach § 4 Abs. 2 Satz 2 EStG nur mit Zustimmung des Finanzamts zulässig. Einem Antrag auf Bilanzänderung hat das Finanzamt im allgemeinen zuzustimmen, wenn sich die tatsächlichen Grundlagen, von denen der Steuerpflichtige bei der Prüfung eines Wahlrechts ausgegangen ist, nach Einreichung der Bilanz erheblich verändert haben.[130]

---

125) *Pink*, S. 191.
126) Vgl. *Hachenburg/Goerdeler/Müller*, GmbHG, § 42 Rz. 196; *Scholz/Karsten Schmidt*, GmbHG, § 46 Rz. 40.
127) Vgl. *Hachenburg/Goerdeler/Müller*, GmbHG, § 42 Rz. 197.
128) Vgl. *Budde/Müller*, in: Beck'scher Bilanzkommentar, § 253 HGB Rz. 706 ff; *Pink*, S. 191.
129) Vgl. *Schmidt/Heinicke*, EStG, § 4 Rz. 135 ff; *Budde/Müller*, in: Beck'scher Bilanzkommentar, § 253 Rz. 709 ff; *Thiel*, S. 266 ff.
130) *Tipke/Lang*, § 9 Rz. 448; siehe auch Abschn. 15 Abs. 3 EStR.

5. Ermittlung des steuerlichen Gewinns

Auch bei einer Änderung der höchstrichterlichen Rechtsprechung wird der Bilanzansatz in der Bilanz fehlerhaft, so daß eine Bilanzberichtigung erfolgen kann.[131] **267**

Der Antrag auf Bilanzänderung muß vor formeller Bestandskraft der Veranlagung beim Finanzamt gestellt werden (vgl. Abschn. 15 Abs. 3 Sätze 1 - 4 EStR). **268**

Ist ein Ansatz in der Steuerbilanz unrichtig, so kann die Unrichtigkeit nach § 4 Abs. 2 Satz 1 EStG bis zur formellen Bestandskraft der Veranlagung durch eine entsprechende Mitteilung an das Finanzamt beseitigt werden (sogenannte **Bilanzberichtigung**). Ein Ansatz in der Bilanz ist unrichtig, wenn er unzulässig ist, d. h. wenn er gegen zwingende Vorschriften des Einkommensteuerrechts oder des Handelsrechts oder gegen die einkommensteuerrechtlich zu beachtenden handelsrechtlichen Grundsätze ordnungsmäßiger Buchführung verstößt (Abschn. 15 Abs. 1 Satz 1 und 2 EStR). Dabei ist zu beachten, daß nur eine unzutreffende Wiedergabe des Sachverhalts zu einer Unrichtigkeit eines Bilanzansatzes führen kann. Sollten die Rechtsfolgen von dem abweichen, was sich der bilanzierende Kaufmann vorgestellt hat, liegt kein unrichtiger Bilanzansatz vor. So dürfen z. B. die Rechtsfolgen einer vom Steuerpflichtigen vorgenommenen Entnahme nicht durch Wiedereinbuchung des entnommenen Wirtschaftsguts im Wege einer Bilanzberichtigung korrigiert werden.[132] Eine nachträgliche Sachverhaltsgestaltung ist daher durch eine Änderung der Steuerbilanz nicht möglich. **269**

Maßgeblich für die Unrichtigkeit sind zunächst die am Bilanzstichtag objektiv bestehenden Verhältnisse. Ein Bilanzansatz ist daher auch dann nicht unrichtig, wenn er zwar den objektiv bestehenden Verhältnissen nicht entspricht, aber ein pflichtgemäß und gewissenhaft handelnder Kaufmann im Zeitpunkt der Aufstellung der Bilanz nach den ihm zur Verfügung stehenden Erkenntnismöglichkeiten von der Richtigkeit des Bilanzansatzes ausgehen durfte (sogenannte subjektive Richtigkeit).[133] **270**

Die Berichtigung der Steuerbilanz für Wirtschaftsjahre vor Konkurseröffnung ist steuerrechtlich jederzeit zulässig, sofern die zugrundeliegende Veranlagung noch nicht formell bestandskräftig ist, d. h. sofern die Rechtsbehelfsfrist der jeweiligen Bescheide noch nicht abgelaufen ist. **271**

Nach formeller Bestandskraft der Veranlagung ist eine Bilanzberichtigung nur insoweit möglich, als die Veranlagung nach den Vorschriften der Abgaben- **272**

---

131) BGH, Urt. v. 6. 11. 1991 - XI R 27/90, BStBl 1993 II, 391, 392.
132) Vgl. BFH, Urt. v. 18. 4. 1973 - I R 57/71, BStBl 1973 II, 700.
133) Vgl. BFH, Urt. v. 11. 7. 1984 - I R 182/79, BStBl 1984 II, 722, 723.

V. Rechnungslegung gegenüber der Finanzverwaltung

ordnung noch berichtigt werden kann oder die Bilanzberichtigung sich auf die Höhe der veranlagten Steuer nicht auswirken würde.[134)]

273 Die Berichtigung von bestandskräftigen Veranlagungen ist in der Abgabenordnung in den Sondervorschriften über die Aufhebung und Änderung von Steuerbescheiden geregelt. Dabei ist zu unterscheiden zwischen materiell nicht bestandskräftigen Steuerfestsetzungen (Steuerfestsetzung unter dem Vorbehalt der Nachprüfung und vorläufige Steuerfestsetzung gemäß §§ 164, 165 AO) und materiell bestandskräftigen Steuerbescheiden, die nicht vorläufig oder unter dem Vorbehalt der Nachprüfung ergangen sind.

274 Materiell nicht bestandskräftige Steuerfestsetzungen können nach Maßgabe des § 164 Abs. 2, § 165 Abs. 2 AO nahezu unbeschränkt aufgehoben oder geändert werden. Materiell bestandskräftige Steuerfestsetzungen können nur unter bestimmten im Gesetz verankerten Voraussetzungen geändert werden,[135)] und zwar

- nach § 172 AO im wesentlichen nur,
  - wenn der Steuerbescheid rechtswidrig ist,[136)]
  - wenn der Steuerpflichtige zustimmt und die Änderung sich zu seinen Lasten auswirkt,
  - wenn der zu ändernde Steuerbescheid von einer sachlich unzuständigen Behörde erlassen wurde,
  - wenn der zu ändernde Steuerbescheid durch unlautere Mittel, wie arglistige Täuschung, Drohung oder Bestechung, erwirkt wurde;
- nach § 173 AO im wesentlichen nur,
  - wenn der Steuerbescheid rechtswidrig ist,[137)]
  - soweit Tatsachen oder Beweismittel nachträglich bekannt wurden, die zu einer höheren Steuer führen,
  - soweit Tatsachen oder Beweismittel nachträglich bekannt wurden, die zu einer niedrigeren Steuer führen und den Steuerpflichtigen kein grobes Verschulden daran trifft, daß die Tatsachen oder Beweismittel erst nachträglich bekannt wurden;
- nach § 174 AO in den Fällen widerstreitender Steuerfestsetzungen.[138)]

---

134) *Tipke/Lang*, § 9 Rz. 49.
135) Vgl. zur Korrekturterminologie und zum Korrektursystem, *Tipke/Lang*, § 22 Rz. 381 ff.
136) *Tipke/Kruse*, vor § 172 AO Rz. 7; *Tipke/Lang*, § 22 Rz. 394.
137) *Tipke/Kruse*, vor § 172 AO Rz. 7; *Tipke/Lang*, § 22 Rz. 394.
138) *Tipke/Lang*, § 22 Rz. 420 ff.

Offenbare Unrichtigkeiten können sowohl bei materiell bestandskräftigen als auch bei nicht bestandskräftigen Steuerbescheiden jederzeit berichtigt werden (§ 129 AO). 275

Führen Bilanzberichtigungen zu einer Aufhebung oder Änderung eines Grundlagenbescheids, so werden darauf beruhende Steuerbescheide nach § 175 Abs. 1 Nr. 1 AO geändert. 276

Bei der Aufhebung oder Änderung eines Steuerbescheides genießt der Steuerpflichtige den in § 176 AO umschriebenen Vertrauensschutz. Außerdem ist zu berücksichtigen, daß zugunsten und zuungunsten des Steuerpflichtigen - soweit die Änderung reicht - solche Rechtsfehler zu berichtigen sind, die nicht Anlaß der Aufhebung oder Änderung sind (vgl. im einzelnen §§ 129 - 132, 172 - 177 AO).[139] 277

6. Die Geltendmachung von Steuererstattungsansprüchen

Die Änderung von Steuerbilanzen für Wirtschaftsjahre vor Konkurseröffnung führt im Regelfall zu Steuererstattungen. Die Steuererstattungsansprüche, die dem Vermögen vor Konkurs zuzurechnen sind, gehören nach § 1 KO zur Konkursmasse.[140] Entsprechendes gilt nach § 7 Abs. 2 GesO für das Verfahren der Gesamtvollstreckung und nach § 35 InsO für das künftige Insolvenzverfahren. 278

Ausschlaggebend dafür, ob ein Steuererstattungsanspruch zur Masse gehört oder als konkursfreier Neuerwerb angesehen werden muß, ist nicht der steuerrechtliche Entstehungszeitpunkt, sondern der Zeitpunkt, in dem nach konkursrechtlichen Grundsätzen (§ 3 KO; § 38 InsO) der Rechtsgrund für den Anspruch gelegt worden ist.[141] Ist die Vorauszahlung vor Verfahrenseröffnung geleistet worden, so gehört der Steuererstattungsanspruch zur Masse. Nach Konkurs begründete Steuererstattungsansprüche gehören ebenfalls zur Masse, soweit die ihnen zugrundeliegenden Steuerzahlungen aus der Masse geleistet worden sind.[142] 279

Bei der Geltendmachung der Steuererstattungsansprüche ist darauf zu achten, daß der Finanzverwaltung im Regelfall Aufrechnungsmöglichkeiten zur Verfügung stehen, für die nach § 226 AO die Vorschriften des Bürgerlichen Rechts sinngemäß gelten. Dies bedeutet, daß die Forderungen gegenseitig und gleichartig sein müssen und daß die Forderungen des Aufrechnenden fällig 280

---

139) Vgl. auch *Pelka/Niemann*, in: Beck'sches Steuerberater-Handbuch, Teil I, Rz. 92 ff.
140) *Onusseit/Kunz*, Rz. 622; *Kuhn/Uhlenbruck*, KO, § 1 Rz. 73b.
141) BFH, Urt. v. 29. 1. 1991 - VII R 45/90, BFH/NV 1991, 791.
142) *Onusseit/Kunz*, Rz. 623; *Kramer*, S. 229; *Frotscher*, S. 54; *Hess/Boochs/Weis*, Rz. 550 ff.

und erfüllbar sein müssen (§ 387 BGB). Die Frage, ob bei der Feststellung der Gegenseitigkeit der zur Aufrechnung kommenden Forderungen bezüglich des Anspruchs aus dem Steuerschuldverhältnis auf die Ertrags- oder Verwaltungshoheit abzustellen ist, regelt § 226 Abs. 4 AO dahin gehend, daß als Gläubiger oder Schuldner eines Anspruchs aus dem Steuerschuldverhältnis diejenige Körperschaft gilt, die die Steuer verwaltet. Die Verwaltungshoheit liegt insoweit auch bei den sogenannten Gemeinschaftsteuern (Einkommensteuer, Körperschaftsteuer, Umsatzsteuer) bei den Finanzämtern als Landesfinanzbehörden.[143]

281 Konkursrechtlich gilt insoweit die Besonderheit, daß die Aufrechnung für die Finanzbehörde ausgeschlossen ist,

- wenn dadurch eine Forderung, die zu der Masse gehört, durch Aufrechnung mit einer das konkursfreie Vermögen des Gemeinschuldners betreffenden Schuld getilgt würde;

- wenn dadurch eine nach Konkurseröffnung begründete Forderung der Masse durch Aufrechnung mit einer Konkursforderung getilgt würde (vgl. im einzelnen §§ 53 - 56 KO; §§ 94-96 InsO).

282 Die Festsetzung des Erstattungsanspruchs muß innerhalb der Festsetzungsfrist des § 169 AO erfolgen. Nach Ablauf dieser Frist kann daher die Geltendmachung eines Erstattungsanspruchs nicht mehr durchgesetzt werden. Die Festsetzungsfrist beträgt für Zölle, Verbrauchsteuern, Zollvergütungen und Verbrauchsteuervergütungen ein Jahr, im übrigen vier Jahre (§ 169 Abs. 2 AO).

283 Sie beginnt im Regelfall mit Ablauf des Kalenderjahres, in dem die Steuer entstanden ist, oder - wenn aufgrund gesetzlicher Vorschrift eine Steuererklärung oder eine Steueranmeldung einzureichen ist - mit Ablauf des Kalenderjahres, in dem die Steuererklärung, die Steueranmeldung oder die Anzeige eingereicht wird, spätestens jedoch mit Ablauf des dritten Kalenderjahres, das auf das Kalenderjahr folgt, in dem die Steuer entstanden ist (§ 170 Abs. 1 und 2 AO).

284 Wird vor Ablauf der Festsetzungsfrist ein Antrag auf Steuerfestsetzung oder auf Aufhebung oder Änderung einer Steuerfestsetzung gestellt, so läuft die Festsetzungsfrist insoweit nicht ab, bevor über den Antrag unanfechtbar entschieden worden ist (§ 171 Abs. 3 AO).

285 Wird vor Ablauf der Festsetzungsfrist mit einer Außenprüfung begonnen oder wird deren Beginn auf Antrag des Steuerpflichtigen hinausgeschoben, so läuft die Festsetzungsfrist hinsichtlich der Sachverhalte und für die Steuern, auf die sich die Außenprüfung erstreckt, nicht ab, bevor die aufgrund der Außenprü-

---

143) *Onusseit/Kunz*, Rz. 625 ff; *Kuhn/Uhlenbruck*, KO, § 55 Rz. 7 n.

fung zu erlassenen Steuerbescheide unanfechtbar geworden sind oder bevor drei Monate verstrichen sind, nachdem die Finanzverwaltung mitgeteilt hat, daß die Außenprüfung zu keiner Änderung der Besteuerungsgrundlagen geführt hat (§ 171 Abs. 4 AO).

Der Erstattungsanspruch unterliegt als Anspruch aus dem Steuerschuldverhältnis der Zahlungsverjährung, die fünf Jahre beträgt. Die Verjährung beginnt mit Ablauf des Kalenderjahres, in dem der Anspruch erstmals fällig geworden ist. Sie beginnt jedoch nicht vor Ablauf des Kalenderjahres, in dem die Festsetzung oder die Aufhebung oder Änderung der Festsetzung eines Anspruchs aus dem Steuerschuldverhältnis wirksam geworden ist, aus der sich der Anspruch ergibt (§ 229 AO). 286

Die Verjährung wird regelmäßig unterbrochen durch schriftliche Geltendmachung des Anspruchs. Die hierdurch eintretende Unterbrechung der Verjährung endet so lange nicht, bis über den Anspruch rechtskräftig entschieden worden ist (§ 231 AO). 287

7. Steuererklärungen für die Einkommensteuer
a) Einheitlichkeit der Veranlagung

Die Eröffnung des Konkurs-, Gesamtvollstreckungs- oder Insolvenzverfahrens hat auf die einkommensteuerrechtliche Behandlung des Gemeinschuldners keinen Einfluß.[144] Der Veranlagungszeitraum bleibt unberührt. Die Einkünfte sind dem Gemeinschuldner unabhängig davon zuzurechnen, ob sie auf Verwaltungs- und Verfügungshandlungen des Konkursverwalters beruhen oder nicht.[145] 288

In die Veranlagung sind daher alle Einkünfte des Gemeinschuldners, auch die aus der Masse erzielten Gewinne einzubeziehen, und zwar unabhängig davon, ob die Verwirklichung der steuerlich relevanten Tatbestände vor oder nach der Konkurseröffnung liegen, ob sie mit der Verwaltung, der Verwertung oder der Verteilung der Konkursmasse zusammenhängen oder ob sie zum konkursfreien Bereich gehören (Grundsatz der Einheitlichkeit der Veranlagung).[146] 289

Bei einer Zusammenveranlagung sind auch die Einkünfte des Ehegatten in die Veranlagung einzubeziehen. Dabei ist allerdings zu beachten, daß das Wahlrecht gemäß § 26 Abs. 2 EStG als vermögensmäßiges Recht dem Konkursverwalter zusteht.[147] Der Gemeinschuldner behält zwar hinsichtlich des konkurs- 290

---

144) Vgl. RFH RStBl 1938, 669.
145) *Fichtelmann*, NWB Fach 2, S. 6231; *Hess/Boochs/Weis*, Rz. 544 f.
146) BFH, Urt. v. 14. 2. 1978 - VII R 28/73, BStBl 1978 II, 356; *Geist*, Rz. 141, 142; *Frotscher*, S. 154.
147) *Frotscher*, S. 172.

freien Vermögens das Verwaltungsrecht und insoweit das Recht, die Form der Veranlagung zu wählen. Da es jedoch hinsichtlich der gesamten Einkünfte des Gemeinschuldners nur zu einer Veranlagungsform - Zusammenveranlagung oder getrennte Veranlagung - kommen kann, ist letztlich die Wahl der Veranlagungsform durch den Konkursverwalter entscheidend. Bei der Zusammenveranlagung sind die Einkünfte der Ehegatten gemäß § 26b EStG zusammenzurechnen und ein durch einen Ehegatten erlittener Verlust trotz Konkurseröffnung auszugleichen. Der Verlustabzug gemäß § 10d EStG ist auch bei Zusammenveranlagung möglich. Insoweit kommt bei der Zusammenveranlagung ein Verlustvortrag des einen Ehegatten auch dem anderen zugute.[148] Da die zusammenveranlagten Ehegatten gemäß § 44 Abs. 1 AO als Gesamtschuldner haften, kann der Steuergläubiger eine Steuerforderung gegen die Konkursmasse oder gegen den anderen Ehegatten, über dessen Vermögen kein Konkursverfahren eröffnet worden ist, geltend machen. Diese nachteiligen Folgen kann der andere Ehegatte dadurch vermeiden, daß er bei der Inanspruchnahme durch das Finanzamt die Aufteilung der Steuerschuld in entsprechender Anwendung des § 268 AO beantragt.[149]

b) Konkursbedingte Besonderheiten

291 Konkursbedingte Besonderheiten ergeben sich bei der konkursrechtlichen Einordnung der Steuerforderung. Sie lassen sich insoweit in dreifacher Hinsicht klassifizieren:

292 Sie beruhen zum einen darauf, daß Steuerforderungen bereits dann entstehen, wenn der Tatbestand verwirklicht ist, an den das Gesetz die Leistungspflicht knüpft (§ 38 AO). Demgegenüber werden sie in der Regel erst einen Monat nach Bekanntgabe des Steuerbescheides fällig. Solange die Steuerforderungen bereits entstanden, aber noch nicht fällig sind, handelt es sich um betagte Forderungen, für die konkursrechtlich Besonderheiten gelten. Sie gelten nach § 65 Abs. 1 KO (§ 41 Abs. 1 InsO) als fällig und dürfen nach § 65 Abs. 2 KO (§ 41 Abs. 2 InsO) nur mit einem abgezinsten Betrag angesetzt werden. Im Konkurs- und Gesamtvollstreckungsverfahren genießen sie außerdem das Konkursvorrecht der Steuerforderung nach § 61 Abs. 1 Nr. 2 KO oder nach § 12 Abs. 3 Nr. 3 GesO, falls die Fälligkeit im letzten Jahr vor Verfahrenseröffnung eintrat. Nach der Insolvenzordnung gelten diese Vorrechte nicht mehr.

293 Zum anderen ergeben sich die konkursbedingten Besonderheiten daraus, daß durch die Konkurseröffnung ein für die Entstehung der Steuerschuld maßgebender Zeitraum (Besteuerungszeitraum) zerschnitten wird. Die Steuer für diesen Zeitraum entsteht mit Ablauf des Zeitraums (§ 36 Abs. 1 EStG); die Steu-

---

148) *Hess/Boochs/Weis*, Rz. 569.
149) *Hess/Boochs/Weis*, Rz. 569.

7. Steuererklärungen für die Einkommensteuer

erforderung ist daher befristet. Die konkursrechtliche Einordnung der Steuerforderung richtet sich aber nicht nach ihrem Entstehen, sondern gemäß § 3 KO (§ 38 InsO) nach dem Begründetsein. Dadurch tritt im Jahr der Konkurseröffnung die Konstellation ein, daß ein Teil der befristeten Steuerforderungen bereits vor Konkurseröffnung begründet i. S. d. § 3 KO (§ 38 InsO) war. Dieser Teil der Forderungen wird als einfache Konkursforderung eingeordnet, die im Konkurs- und Gesamtvollstreckungsverfahren kein Vorrecht genießt (§ 61 Abs. 1 Nr. 6 KO; § 17 Abs. 3 Nr. 4 GesO). Für ihn gilt nicht die Regelung des § 65 KO für betagte Forderungen. Befristete Forderungen berechtigen als aufschiebend bedingte Forderungen im Konkursverfahren vielmehr immer zu einer Sicherung. Sie werden daher erst befriedigt, wenn sie entstanden sind. Zu den nicht bevorrechtigten Forderungen zählen im Gesamtvollstreckungsverfahren im übrigen auch alle Steuerforderungen, die bereits ein Jahr vor Verfahrenseröffnung fällig geworden sind.[150] Im Verfahren nach der Insolvenzordnung sind hingegen alle Steuerforderungen nicht bevorrechtigt.

Soweit im übrigen im Jahr der Konkurseröffnung die Steuerforderung erst nach der Konkurseröffnung begründet i. S. d. § 3 KO (§ 38 InsO) war, ist dieser Teil in der Regel den Massekosten nach § 58 Nr. 2 KO (§ 13 Abs. 1 Nr. 1 GesO; § 55 Abs. 1 Nr. 1 InsO zuzuordnen.[151] **294**

Schließlich ist die Besonderheit zu beachten, daß ein Teil der Steuerforderung - unabhängig davon, welchem Zeitraum sie zuzuordnen ist - auf außerkonkurslichen Einkünften des Gemeinschuldners beruhen kann und insoweit einer konkursrechtlichen Einordnung nicht bedarf.[152] **295**

Die genannten Besonderheiten erfordern bei Abgabe der Steuererklärung zum einen ergänzende Angaben für betagte Steuerforderungen; sie verlangen darüber hinaus eine Aufteilung der Steuerforderung in Konkursforderungen, Massekosten und außerkonkursliche Steuerforderungen. Die ergänzenden Angaben sind dabei sowohl bei Abgabe der Einkommensteuererklärung als auch - soweit dies erforderlich ist - bei Abgabe der Erklärung zur einheitlichen und gesonderten Feststellung der Einkünfte zu machen, soweit hierfür Veranlassung besteht. **296**

c) Ergänzende Angaben für betagte Steuerforderungen

Sind in einem Insolvenzverfahren Steuererklärungen für Veranlagungszeiträume abzugeben, die vor Konkurseröffnung geendet haben, werden bereits **297**

---

150) *Haarmeyer/Wutzke/Förster*, GesO, § 17 Rz. 114 f.
151) Vgl. *Fichtelmann*, NWB-Fach 2, S. 6231, 6232 f; *Onusseit/Kunz*, Rz. 290 ff; *Pink*, S. 171.
152) *Onusseit/Kunz*, Rz. 506.

V. Rechnungslegung gegenüber der Finanzverwaltung

entstandene, aber noch nicht fällige, d. h. betagte Steuern,[153] gegenüber dem Finanzamt erklärt. Solche betagten Forderungen gelten konkursrechtlich (§ 65 KO; § 41 InsO) als fällig und sind folglich zur Konkurstabelle anzumelden. Allerdings ist der Vorteil, der für den Gläubiger darin liegt, daß eine betagte Forderung als fällig behandelt wird, durch eine Abzinsung nach § 65 Abs. 2 KO (§ 41 Abs. 2 InsO) auszugleichen. Diese Regelung gilt grundsätzlich auch für Steueransprüche.[154]

298 Betagte Steuerforderungen sind gegenüber dem Finanzamt ergänzend zur Steuererklärung als solche zu kennzeichnen, um auf diese Weise zu gewährleisten, daß die Steuerforderung nur mit dem abgezinsten Betrag angesetzt wird. Diese Forderung genießen im Konkursverfahren das Konkursvorrecht (i. S. d. § 61 Abs. 1 Nr. 2 KO).

299 Da die Einkommensteuerforderung nach geltendem Recht unverzinslich ist, hat die Abzinsung mit dem gesetzlichen Zinsfuß zu erfolgen. Dieser gesetzliche Zinsfuß ist mangels einer anderweitigen gesetzlichen Bestimmung der Zinssatz von 4 % nach § 246 BGB.[155]

300 Der Zeitpunkt der Fälligkeit ist nicht mehr bestimmbar, da wegen der Eröffnung des Konkursverfahrens eine Steuerfestsetzung mit der Folge der Fälligkeit nicht mehr erfolgen kann. Demnach ist bei der Abzinsung der Abzinsungszeitpunkt zu schätzen. Maßgebend ist insoweit, zu welchem Zeitpunkt die Festsetzung der Steuer und damit die Fälligkeit ohne Eröffnung des Konkursverfahrens nach dem gewöhnlichen Lauf der Dinge und dem Fortgang der Veranlagungsarbeiten in dem zuständigen Finanzamt erwartet werden dürfte.[156]

301 In der Praxis dürfte die Ermittlung des abgezinsten Betrages von betagten Steuerforderungen keine wesentliche Bedeutung erlangen. Aus Vereinfachungsgründen dürfte es immer ausreichen, den nicht abgezinsten Steuerbetrag zu ermitteln, es sei denn, aus der Abzinsung würden sich wesentliche wirtschaftliche Konsequenzen ergeben.

---

153) *Kuhn/Uhlenbruck*, KO, § 65 Rz. 6.
154) *Frotscher*, S. 65; BFH, Urt. v. 6. 5. 1975 - VIII R 202/71, BStBl 1975 II, 590; *Pink*, S. 173.
155) *Frotscher*, S. 66; vgl. zur Berechnung die sogenannte Hoffmann'sche Methode in: *Kilger/Karsten Schmidt*, KO, § 65 Rz. 5.
156) Vgl. *Frotscher*, S. 66.

7. Steuererklärungen für die Einkommensteuer

d) Ergänzende Angaben für die Aufteilung der Steuerschuld

302 Aus dem Grundsatz der Einheitlichkeit der Veranlagung folgt, daß die Einkommensteuer, die dem Gemeinschuldner in einer Veranlagung aufzuerlegen ist,

- Konkursforderung, im Konkurs- oder Gesamtvollstreckungsverfahren aufgeteilt in bevorrechtigte oder nicht bevorrechtigte Forderungen nach § 61 Abs. 1 Nr. 2, 6 KO oder § 17 Abs. 3 Nr. 3, 4 GesO;
- Massekostenforderung nach § 58 Nr. 2 KO oder § 13 Abs. 1 Nr. 1 GesO oder § 55 Abs. 1 Nr. 1 InsO und/oder
- konkursfreie Steuerforderung

sein kann und dementsprechend aufzuteilen ist. Auch insoweit sind gegenüber der Finanzbehörde entsprechende Angaben erforderlich, die sich zum einen auf die Aufteilungsmethode und zum anderen auf die Zuordnung der Einkünfte und der übrigen Einkommensbestandteile erstrecken müssen. Entsprechendes gilt auch für den Solidaritätszuschlag.

(1) Aufteilungsmethode

303 Es bieten sich folgende Aufteilungsmethoden an:

- Der anteilige Einkommensteuerbetrag, der als Konkursforderung, Massekostenforderung oder als konkursfreie Steuerforderung geltend gemacht wird, verhält sich zu dem Jahressteuerbetrag wie die jeweiligen Teileinkünfte zu dem Gesamtbetrag der Einkünfte.[157]
- Es werden in entsprechender Anwendung von §§ 268 ff AO nicht die Einkünfte zueinander ins Verhältnis gesetzt, sondern die sich aus einer fiktiven getrennten Veranlagung ergebenden Steuerbeträge.[158]

304 Die Aufteilung entsprechend §§ 268 ff AO ist - was die Systematik angeht - vorzuziehen. Sie führt zu systemgerechteren Ergebnissen, da die sich aus einer fiktiven Veranlagung ergebenden Steuerbeträge auch die jeweilige Progression ausdrücken. Außerdem können bei dieser Aufteilungsmethode Sonderausgaben, Freibeträge und außergewöhnliche Belastungen demjenigen Bereich zugerechnet werden, der diese Ausgaben tatsächlich getragen hat.

305 Die anteilige Aufteilung entsprechend dem Betrag der Teileinkünfte dürfte indessen aus Gründen der Vereinfachung in der Praxis ebenfalls ihre Bedeutung haben, zumal wenn die Auswirkungen der Steueraufteilung gering sind.

---

157) Vgl. *Fricke*, DStR 1966, 22.
158) Vgl. *Frotscher*, S. 127 ff; *Beermann*, in: *Hübschmann/Hepp/Spitaler*, AO, § 251 Anm. 152.

V. Rechnungslegung gegenüber der Finanzverwaltung

(2) Konkursrechtliche Zuordnung der Einkünfte und der übrigen Einkommensbestandteile

306 Bei der Zuordnung der Einkünfte ist zu entscheiden, ob die Einkünfte bereits vor oder nach Konkurseröffnung i. S. d. § 3 KO (§ 38 InsO) begründet waren oder nicht. Maßgebend hierfür ist, ob die Einnahmen vor oder nach Konkurseröffnung oder außerhalb des Konkursvermögens zum Vermögen des späteren Gemeinschuldners geflossen sind und ob die Betriebsausgaben oder Werbungskosten vor Konkurseröffnung abgeflossen sind. Lediglich im Fall der Bilanzierung ist statt des Abfließens der Zeitpunkt entscheidend, zu dem die Erträge oder Aufwendungen zu bilanzieren sind.

307 Ein erheblicher Teil der im Rahmen eines Konkursverfahrens erzielten einkommensteuerlich relevanten Gewinne geht auf die Realisierung stiller Reserven zurück. Dabei ist es problematisch, ob die während der Insolvenz realisierten stillen Reserven im Zeitraum vor oder nach Konkurseröffnung zu versteuern sind. Der Realisationsakt, der zum Entstehen des Gewinns führt, wird vom Konkursverwalter vorgenommen. Die Einordnung der hierauf beruhenden Steuerschuld als Massekosten liegt daher nahe. Andererseits wurden die stillen Reserven im Regelfall in der Zeit vor Konkurseröffnung angesammelt, was wiederum für eine Einordnung in die Zeit vor Konkurseröffnung und damit für eine Anmeldung der Steuer als Konkursforderung spricht.

308 Entscheidend ist, daß die stillen Reserven von dem Konkursverwalter selbst aufgedeckt werden. Die Möglichkeit der Gewinnerzielung beruht zwar in diesen Fällen auf vorkonkurslichen Handlungen des Gemeinschuldners oder auf Wertsteigerungen während der Zeit vor dem Konkurs. Entscheidend ist aber nicht, wer die Möglichkeit der Gewinnerzielung geschaffen hat, sondern wer durch sein selbständiges Handeln den Gewinn tatsächlich realisiert hat.[159]

309 Zuwendungen an den Gemeinschuldner und seine Familie aus der Konkursmasse zur Bestreitung des Lebensunterhalts sind den Vorgängen nach Konkurseröffnung und damit den Massekosten nach § 58 Nr. 3 KO oder § 55 Abs. 1 Nr. 1 InsO zuzuordnen. Einkommensteuerrechtlich handelt es sich um Entnahmen, da die Betriebsbezogenheit fehlt.[160]

310 Erfolgen die Zuwendungen als Entgelt für die Arbeitsleistung des Gemeinschuldners oder für die Arbeitsleistung des Gesellschafters einer Personenhan-

---

159) Vgl. BFH, Urt. v. 7. 11. 1963 - IV 210/625, BStBl 1964 III, 70; zuletzt BFH, Urt. v. 11. 11. 1993 - XI R 73/92, ZIP 1994, 1286, dazu EWiR 1994, 699 *(Onusseit)*; *Frotscher*, S. 142; *Geist*, Rz. 115.
160) Vgl. *Fichtelmann*, NWB Fach 2, S. 6231, 6232; BFH, Urt. v. 7. 11. 1963, BStBl 1964 III, 70; ausführlich auch *Hess/Boochs/Weis*, Rz. 561 ff.

7. Steuererklärungen für die Einkommensteuer

delsgesellschaft, sind sie ebenfalls als Entnahme zu werten, ohne daß sie als Betriebsausgaben angesetzt werden können.[161]

Die Folge ist, daß der Konkursverwalter Lohnsteuer nicht einzubehalten hat. Wird der Gemeinschuldner oder der Gesellschafter einer Personenhandelsgesellschaft hingegen für den Konkursverwalter tätig und von ihm entlohnt, so ist die Zuwendung wie eine Betriebsausgabe anzusetzen. Es besteht ein echtes Arbeitsverhältnis mit der Folge, daß Lohnsteuer einzubehalten ist.[162] Dabei ist es unerheblich, daß die Konkursverwaltergebühr, aus der die Vergütung finanziert wird, aus der Konkursmasse stammt. Allein dies läßt die Vergütung noch nicht zu einer Entnahme aus der Konkursmasse werden. **311**

In verschiedenen Fällen bestehen Gestaltungsmöglichkeiten, ob die Einkommensteuer dem konkursbehafteten Vermögen und insoweit den Vorgängen, die nach Konkurseröffnung begründet wurden, oder ob sie dem konkursfreien Vermögen zuzuordnen sind. **312**

Wie bereits erwähnt (oben Rz. 307 f), erhöhen die bei der Veräußerung von Gegenständen des Betriebsvermögens aufgedeckten stillen Reserven den Gewinn für die Zeit nach Konkurseröffnung. Die darauf entfallende Einkommensteuer belastet die Konkursmasse. Diese für die Konkursgläubiger ungünstige Regelung kann dadurch vermieden werden, daß der Konkursverwalter den betreffenden Gegenstand dem Gemeinschuldner zur freien Verfügung überläßt. Die Freigabe bewirkt zwar das Ausscheiden aus der Konkursmasse, führt aber nicht zur Auflösung der stillen Reserven, da sich an der Person des Steuerpflichtigen (Gemeinschuldner) und der Zurechnung zum steuerlichen Betriebsvermögen nichts ändert. Die bei der anschließenden Verwertung entstehenden Gewinne sind zwar dem Steuerpflichtigen zuzurechnen, jedoch außerhalb der Konkursmasse, so daß die darauf entfallende Einkommensteuer, auch wenn sie nach Konkurseröffnung entstanden ist, nicht die Konkursmasse belastet. Das vorgenannte Verfahren empfiehlt sich insbesondere dann, wenn die bei der Veräußerung entstehenden Erlöse nicht der Konkursmasse zur Verfügung stehen, sondern absonderungsberechtigten Gläubigern zufallen.[163] **313**

Soweit sich - z. B. aufgrund fehlender Unterlagen - nicht feststellen läßt, welchen Bereichen die Einkünfte zuzuordnen sind, hat aus praktischen Erwägungen eine zeitanteilige Aufteilung zu erfolgen. Insoweit wird vermutet, daß die Einkünfte zeitanteilig angefallen sind.[164] **314**

---

161) *Tipke/Kruse*, § 251 AO Rz. 12.
162) *Fichtelmann*, NWB Fach 2, S. 6231, 6232.
163) Vgl. *Fichtelmann*, NWB Fach 2, S. 6231, 6232.
164) Vgl. *Frotscher*, S. 145.

V. Rechnungslegung gegenüber der Finanzverwaltung

315 Bei der Berechnung des Gesamtbetrages der Einkünfte sind - auch im Fall der Aufteilung der Steuerschuld auf die erwähnten Teilbereiche - die in dem Veranlagungszeitraum entstandenen negativen mit den positiven Einkünften bei anderen Einkunftsarten auszugleichen (Verlustausgleich gemäß § 2 Abs. 3 EStG).[165]

316 Dies gilt - vorbehaltlich der Regelung des § 15a EStG - unabhängig davon, ob der Gemeinschuldner den Verlust wirtschaftlich tatsächlich erlitten oder zu tragen hat. Unerheblich ist es daher, ob und inwieweit der Gemeinschuldner seine Gläubiger befriedigen wird. Die Erwägung, wer die Verluste endgültig wirtschaftlich zu tragen hat, wird erst dann bedeutsam, wenn ein Schulderlaß ausgesprochen wird oder die Wahrscheinlichkeit besteht, daß die Schulden nicht mehr geltend gemacht werden.

317 Für den Verlustabzug nach § 10d EStG gelten dieselben Grundsätze wie für den Verlustausgleich.[166]

318 Für die Aufteilung der Steuerschuld ist es von Bedeutung, welchen Bereichen ein Verlustrücktrag oder ein Verlustvortrag zuzuordnen ist. Soweit ein Verlust aus den Jahren vor Konkurseröffnung vorgetragen wird, ist zu unterscheiden, ob er sich auf die Konkursmasse bezieht oder ob er aus der außerkonkurslichen Betätigung des Gemeinschuldners entstanden ist.

319 Bezieht sich der Verlust auf die Konkursmasse, so ist er zuerst bei den vorkonkurslichen Einkünften und sodann erst bei den durch den Konkursverwalter erzielten Gewinnen abzuziehen. Hat der Gemeinschuldner konkursfreie Einkünfte, so ist nur der Überschuß des Verlustvortrages, der nicht bei den Konkurseinkünften abgezogen werden kann, bei den konkursfreien Abzügen abzuziehen.[167]

320 Soweit ein vortragsfähiger Verlust aus der außerkonkurslichen Betätigung des Gemeinschuldners entstanden ist, kommt er bei der Aufteilung der Einkommensteuerschuld des nächsten Jahres in erster Linie den konkursfreien Einkünften zugute. Sollte er insoweit nicht ausgenutzt werden können, ist er dann von den Masse-Einkünften abzusetzen.[168]

321 Entsprechende Regeln gelten für den Verlustrücktrag. Das bedeutet, daß ein aus der Konkursmasse entstandener Verlust in erster Linie die als Massekosten geltend zu machende Steuer, an zweiter Stelle die Konkursforderung und erst dann die außerkonkurslichen Forderungen mindert. Ein aus der außerkon-

---

165) Vgl. zu den Einzelheiten *Frotscher*, S. 97 ff.
166) *Frotscher*, S. 105 mit Beispielen; *Onussei/Kunz*, Rz. 548 ff; *Schmidt*, EStG, § 10d Rz. 3; *Hess/Boochs/Weis*, Rz. 1099 ff.
167) Vgl. *Frotscher*, S. 130.
168) Vgl. *Frotscher*, S. 130.

7. Steuererklärungen für die Einkommensteuer

kurslichen Tätigkeit des Gemeinschuldners entstandener Verlust vermindert im Rücktragsjahr in erster Linie die außerkonkurslichen Steuerforderungen, erst dann die Massekosten oder Konkursforderungen. Soweit im Jahr der Konkurseröffnung Massekosten und Konkursforderungen zusammentreffen, hat eine anteilige Verteilung des Verlustrücktrages zu erfolgen.[169]

§ 15a EStG schränkt auch im Falle des Konkurses die steuerliche Berücksichtigung der den Kommanditisten zugeordneten Verluste ein.[170] Für die Aufteilung der Einkommensteuerschuld auf die verschiedenen Forderungsarten spielt § 15a EStG jedoch keine Rolle, da lediglich die - unter Anwendung von § 15a EStG ermittelte - Gesamteinkommensteuerforderung auf die in Betracht kommenden Bereiche aufgeteilt wird. **322**

Pauschbeträge und Freibeträge sind nur insoweit aufzunehmen, als sie auf eine bestimmte Einkunftsart entfallen, die die Aufteilung auf die Zeit vor oder nach Konkurseröffnung oder in einen konkursfreien oder konkursbelasteten Teil erfordern. Die Aufteilung der Pauschbeträge erfolgt, soweit sie auf die Zeit vor oder nach Konkurseröffnung vorzunehmen ist, zeitanteilig. Die Aufteilung in den konkursfreien oder den konkursbelasteten Teil der Einkünfte erfolgt nach gleichen Teilen.[171] **323**

Beispiel: **324**

Konkurseröffnung 1. Juli; ab 2. Juli hat der Gemeinschuldner konkursfreie Einkünfte: ein Sonderausgabenpauschbetrag nach § 10c Abs. 1 EStG ist in diesem Fall zur Hälfte den vorkonkurslichen Einkünften zuzurechnen, ein Viertel entfällt auf die konkursbelasteten Einkünfte nach Konkurseröffnung und ein Viertel auf die konkursfreien Einkünfte. Die Freibeträge sind ebenfalls zeitanteilig aufzuteilen, sofern eine exakte Zuordnung zu einer Einkunftsart nicht möglich ist.[172]

Die Konkurseröffnung hat grundsätzlich weder eine Betriebsaufgabe noch eine Betriebsveräußerung i. S. d. § 16 EStG zur Folge. Für eine Betriebsaufgabe ist es vielmehr erforderlich, daß der Betrieb tatsächlich eingestellt wird und die selbständige und nachhaltige Beteiligung am allgemeinen wirtschaftlichen Verkehr endet. Für eine Betriebsveräußerung ist die Veräußerung des ganzen Gewerbebetriebes oder eines Teilbetriebes durch den Konkursverwalter erforderlich. **325**

---

169) Vgl. *Frotscher*, S. 131 ff.
170) Vgl. *Frotscher*, S. 103.
171) Vgl. *Onusseit/Kunz*, Rz. 554.
172) *Onusseit/Kunz*, Rz. 555.

V. Rechnungslegung gegenüber der Finanzverwaltung

326 Die Betriebsaufgabe oder die Veräußerungsgewinne unterliegen - unter den Voraussetzungen des § 16 EStG - dem ermäßigten Steuersatz nach § 34 EStG. Dies gilt nicht für solche Gewinne, die sich nicht aus einem einheitlichen Vorgang, der sich über maximal sechs bis zwölf Monate erstreckt, sondern aus der allmählichen Verwertung der einzelnen Gegenstände des Betriebsvermögens ergeben. Ob diese Voraussetzungen im Konkursverfahren vorliegen, ist Tatfrage.

e) Erläuterungsbedarf gegenüber der Finanzverwaltung

327 Die zusätzlichen Erläuterungen gegenüber der Finanzverwaltung erfolgen zweckmäßigerweise als Anlage zur Einkommensteuererklärung in Form einer Einkommensberechnung, die von dem Gesamteinkommen ausgeht und sämtliche Einkommensanteile auf die verschiedenen Teilbereiche verteilt. Als Ergebnis sollten die Teilbeträge der Steuerschuld ausgewiesen werden. Ergänzende Erläuterungen können danach z. B. wie folgt gestaltet werden:

328 Sachverhalt:

Maria und Paul X. sind für 1996 zur Einkommensteuer zu veranlagen. Paul X. ist am 1. Juli 1996 mit seinem Einzelunternehmen in Konkurs gegangen. Er hat ab dem 1. April 1996 eine Tätigkeit als Angestellter angenommen. Seine Einkünfte aus diesem Arbeitsverhältnis betragen im Jahre 1996 45 000 DM. Die Werbungskosten lassen sich auf bestimmte Zeiträume nicht aufteilen. Aus dem Einzelunternehmen erzielt Paul X. im Jahre 1996 ein Ergebnis von 150 000 DM, das sich zu ./. 50 000 DM auf die Zeit bis zum 30. Juni und zu + 200 000 DM auf die Zeit ab 1. Juli verteilt. Darin enthalten sind DM 50 000 für die Weiterbeschäftigung durch den Konkursverwalter und DM 150 000 an gewerblichen Einkünften. Der Verlustvortrag resultiert aus dem Einzelunternehmen.

Für diesen Sachenverhalt kann folgende Anlage erstellt werden:

7. Steuererklärungen für die Einkommensteuer

Muster 3

Anlage zur Einkommensteuererklärung für das Jahr 1996
Steuerberechnung und -verteilung 1996

	Maria X. Gesamt		Paul X. Gesamt	Paul X. vor KO	Paul X. Konkursmasse	Paul X. konkursfrei	Gesamt
	DM	DM	DM	DM	DM	DM	DM
Einkünfte aus nichtselbständiger Arbeit	70.000,--		45.000,--	15.000,--	-,--	30.000,--	
- neues Anstellungsverhältnis mit KV	-,--		50.000,--	-,--	-,--	50.000,--	
Werbungskosten (Pauschalbetrag)	– 2.000,--		– 2.000,--	– 666,--		– 1.334,--	
	68.000,--		93.000,--	14.334,--		78.666,--	
Einkünfte aus Gewerbebetrieb	-,--		100.000,--	–50.000,--	150.000,--	-,--	
Einkünfte aus Vermietung und Verpachtung	140.000,--		-,--	-,--	-,--	-,--	
	208.000,--		193.000,--	–35.666,--	150.000,--	78.666,--	
Verlustvortrag	-,--		100.000,--	-,--	–100.000,--	-,--	
	208.000,--		93.000,--	–35.666,--	50.000,--	78.666,--	
Sonderausgabenpauschbetrag	– 108,--		108,--	54,--	27,--	27,--	
Vorsorgepauschale	– 3.915,--		– 3.915,--	– 618,--	-,--	– 3.297,--	
	203.977,--		88.977,--	– 36.338,--	49.973,--	75.342,--	
Einkommen		292.954,--					
Steuer Splittingtabelle		109.550,--					
Grundtabelle:	85.255,--			0,--	11.084,--	20.113,--	= 116.452,--
	73,21 %				9,52 %	17,27 %	= 100 %
Aufteilung:	80.202,--		=	0,--	10.429,--	18.919,--	= 109.550,--

V. Rechnungslegung gegenüber der Finanzverwaltung

329 Die aus der vorstehenden Gesamtberechnung der Einkommensteuer abgeleitete Aufteilung der Steuerschuld erfolgte entsprechend §§ 268 ff AO. Gewinne aus der Veräußerung der Konkursmasse wurden dem Bereich nach Konkurseröffnung zugeordnet. Aus der Konkursmasse wurden an den Gemeinschuldner im Rahmen eines Arbeitsverhältnisses mit dem Konkursverwalter Vergütungen in Höhe von DM 50 000 gezahlt, die dem konkursfreien Einkommen zugeordnet wurden.

330 Der Verlustvortrag aus dem Vorjahr ist im Bereich der Konkursmasse entstanden und dementsprechend zuerst bei den vorkonkurslichen Einkünften, sodann bei den nachkonkurslichen Einkünften und danach im außerkonkurslichen Bereich abgezogen worden.

331 Die Aufteilung der Werbungskosten bei den Einkünften des Gemeinschuldners aus nichtselbständiger Arbeit sowie der Sonderausgaben insgesamt erfolgte zeitanteilig.

332 Statt dessen kann die insgesamt anfallende Steuer vereinfachend auch im Verhältnis der Teileinkünfte aufgeteilt werden. Diese Aufteilung würde wie folgt aussehen:

Muster 4

Vereinfachte Steueraufteilung

	Teileinkünfte DM	aufzuteilende Steuer DM
Einkommensteuer		109.550,--
Maria X.	208.000,--	52.180,--
Paul X. vor Konkurseröffnung	–35.666,--	0,--
Paul X. - Konkursmasse	150.000,--	37.630,--
Paul X. - konkursfrei	78.666,--	<u>19.740,--</u>
		<u>109.550,--</u>

f) Zinsabschlagsteuer, Kapitalertragsteuer und Körperschaftsteuer

Probleme, die mit der sogenannten Zinsabschlagsteuer im Fall eines Konkurses entstehen, sind bisher noch nicht endgültig gelöst.[173] Sie tauchen vor allem in Konkursverfahren über das Vermögen von Personenhandelsgesellschaften auf. Personenhandelsgesellschaften sind zwar konkursfähig, nicht aber Einkommen- oder Körperschaftsteuersubjekt. Ihre Gewinne werden als mitunternehmerische Einkünfte aus Gewerbebetrieb vom einzelnen Gesellschafter besteuert. Dies gilt auch, soweit die Gewinne der Gesellschaft aus Zinsen für Kapitalforderungen bestehen und diese Kapitalerträge gemäß § 43 Abs. 1 Satz 1 Nr. 7 EStG durch das Zinsabschlaggesetz einer Besteuerung in Höhe von 30 % (§ 43a Abs. 1 Nr. 4 EStG) unterworfen wurden.

333

Die Zinsforderung gehört als Nutzung des Kapitals zur Konkursmasse und soll der Gläubigerbefriedigung dienen.[174] In Höhe des Steuerabzugs steht sie also nicht zur Verfügung und kann später, wenn sie gemäß § 36 Abs. 2 Nr. 2 EStG auf die Einkommensteuer des Gesellschafters angerechnet wird oder gemäß § 36 Abs. 4 EStG an den Gesellschafter ausgezahlt ist, nicht mehr zur Befriedigung herangezogen werden. Dieses Ergebnis läßt sich nicht durch Maßnahmen nach § 44a EStG korrigieren, da der Gesellschaft ein Freistellungsauftrag nicht möglich ist.[175] Auf diese Weise läßt es sich nicht vermeiden, daß Teile der Masse zu deren Lasten „fehlgeleitet" werden.

334

Entsprechendes gilt auch für die Kapitalertragsteuer und Körperschaftsteuer, die bei Dividenden einbehalten werden, also nicht der Personenhandelsgesellschaft zufließen, und beim Gesellschafter der Personenhandelsgesellschaft auf dessen Steuer angerechnet werden.

335

8. Steuererklärungen für die Körperschaftsteuer

Die Steuerpflicht wird durch die Konkurseröffnung nicht unterbrochen. Die Konkurseröffnung hat nur die Auflösung der Kapitalgesellschaft zur Folge (§ 60 GmbHG, § 262 AktG).

336

Die für die Einkommensteuer aufgezeigten Probleme der Einordnung der Steuerforderungen in Konkursforderungen die im Konkurs- und Gesamtvollstreckungsverfahren in bevorrechtigte oder nicht bevorrechtigte Forderungen nach (§ 61 Abs. 1 Nr. 2, 6 KO; § 17 Abs. 3 Nr. 3, 4 GesO zu unterteilen sind, Massekostenforderungen (§ 58 Nr. 2 KO; § 13 Abs. 1 GesO; § 55 Abs. 1 Nr. 1 InsO) und konkursfreie Steuerforderungen ergeben sich im Bereich der

337

---

173) *Welzel*, DStZ 1993, 197 ff; *Schöne/Ley*, DB 1993, 1405 ff; *Maus*, ZIP 1993, 743 ff.
174) *Kilger/Karsten Schmidt*, KO, § 1 Anm. 3 B f.
175) BMF-Schreiben vom 18. 12. 1992, BStBl 1992 I, 58; vgl. auch *Hess/Boochs/Weis*, Rz. 1147.

V. Rechnungslegung gegenüber der Finanzverwaltung

Körperschaftsteuer nicht, abgesehen von der Fälligkeitsproblematik der § 17 Abs. 3 Nr. 3 GesO im Gesamtvollstreckungsverfahren. Sowohl das Handels- als auch das Steuerrecht sehen bereits vor, daß der Zeitraum bis zum Abwicklungsbeginn sowie der Abwicklungszeitraum gesondert erfaßt werden. Darüber hinaus ist eine Abgrenzung von konkursfreien und konkursbelasteten Steuerforderungen zwangsläufig nicht erforderlich, da im Konkurs einer Kapitalgesellschaft das gesamte Vermögen konkursbelastet ist.

338 Besondere Angaben bei Abgabe der Steuererklärungen sind lediglich insoweit erforderlich, als Steuererklärungen für Veranlagungszeiträume abzugeben sind, die vor Konkurseröffnung geendet haben und damit bereits entstandene, aber noch nicht fällige, d. h. betagte Steuern betreffen, die formell abzuzinsen sind (oben Rz. 262 ff). In der Praxis dürften diese zusätzlichen Angaben jedoch - auch wenn sie formal gerechtfertigt sind - unterbleiben, da die Abzinsung im Regelfall nicht zu wesentlichen wirtschaftlichen Auswirkungen führt.

339 Der Besteuerung ist der im Zeitraum der Abwicklung erzielte Gewinn zugrunde zu legen (§ 11 Abs. 1 i. V. m. Abs. 7 KStG), nicht der für das jeweils abgeschlossene Geschäftsjahr ermittelte Gewinn. Hierzu zählen insbesondere die Gewinne, die bei der Versilberung des Vermögens entstehen.[176] Innerhalb dieses verlängerten letzten Veranlagungszeitraums wird ein einheitliches Einkommen ermittelt.[177] Daraus folgt, daß sich der Verlustausgleich über drei Jahre erstreckt, ohne daß es eines Verlustabzuges noch § 10d EStG bedarf.

340 Der verlängerte letzte Veranlagungszeitraum beginnt nach § 11 Abs. 4 i. V. m. Abs. 7 KStG mit dem Schluß des vorherigen Veranlagungszeitraums, auf den der Beginn der Liquidation folgt. Da handelsrechtlich auf diesen Tag ein Zwischenabschluß aufzustellen ist, entsteht zwischen dem Ende des letzten Wirtschaftsjahres und der Auflösung regelmäßig ein Rumpfwirtschaftsjahr.

341 **Beispiel:**

Beginn der Liquidation: 1. 9. 1996;
Wirtschaftsjahr: Kalenderjahr;
Rumpfwirtschaftsjahr: 1. 1. 1996 - 31. 8. 1996;
Beginn des letzten Besteuerungszeitraums: 1. 9. 1996.

342 Nach Abschn. 46 Abs. 2 KStR 1995 hat der Steuerpflichtige die Wahl, ein solches Rumpfwirtschaftsjahr nicht zu bilden und den Veranlagungszeitraum

---

176) *Pink*, S. 199.
177) Hierzu *Karsten Schmidt*, S. 32 f.

8. Steuererklärungen für die Körperschaftsteuer

bereits mit Beginn des Wirtschaftsjahres beginnen zu lassen, in das die Konkurseröffnung fällt.[178)]

Bei den Steuern, die für das Rumpfwirtschaftsjahr zu erheben sind, handelt es sich im Konkurs- und Gesamtvollstreckungsverfahren um Konkursforderungen nach § 61 Abs. 1 Nr. 2 KO, § 17 Abs. 3 Nr. 3 GesO. Der Grund liegt darin, daß die Körperschaftsteuer nach § 48c KStG mit Ablauf des Veranlagungszeitraums entstanden ist. Sie ist also im Falle eines verkürzten Veranlagungszeitraums, der mit der Konkurseröffnung endet, bereits zum Zeitpunkt der Konkurseröffnung entstanden und damit begründet i. S. v. § 3 KO oder § 38 InsO. Die Steuerforderungen, die nach Konkurseröffnung auf Verwaltungs-, Verwertungs- oder Verteilungshandlungen des Verwalters beruhen, sind als Massekosten gemäß § 58 Nr. 2, § 13 Abs. 1 Nr. 1 GesO oder § 55 Abs. 1 Nr. 1 InsO zu qualifizieren.[179)] **343**

Der Besteuerungszeitraum soll drei Jahre nicht übersteigen (§ 11 Abs. 1 Satz 2 KStG). Die Anwendung dieser Vorschrift ist in das pflichtgemäße Ermessen der Veranlagungsbehörde gestellt. Die Heranziehung zur Besteuerung nach Ablauf von drei Jahren wird hauptsächlich - auch ohne daß die Abwicklung bereits abgeschlossen ist - in Betracht kommen, wenn sich die Abwicklung ohne Not übermäßig hinauszieht. Im Regelfall wird jedoch eine Verlängerung des Dreijahreszeitraums nicht beanstandet. **344**

Ist der Dreijahreszeitraum noch nicht abgelaufen, besteht für den Konkursverwalter keine Pflicht zur Abgabe von Erklärungen, wohl aber die allgemeine Auskunftspflicht.[180)] **345**

Der **Abwicklungsgewinn** wird ermittelt durch eine Gegenüberstellung des Abwicklungsanfangsvermögens und Abwicklungsendvermögens (§ 11 Abs. 2 - 4 i. V. m. Abs. 7 KStG). Abwicklungsanfangsvermögen ist dabei das Betriebsvermögen, das am Schluß des Wirtschaftsjahres vor Konkurseröffnung zugrunde gelegt worden ist (§ 11 Abs. 4 KStG). Das Abwicklungsanfangsvermögen ist danach mit dem Vermögen der Abwicklungseröffnungsbilanz, bewertet nach steuerlichen Grundsätzen, identisch.[181)] **346**

Bei Betriebsfortführung nach Konkurseröffnung ist die Besteuerung für diesen Zeitraum in der üblichen Weise fortzusetzen. Der Abwicklungszeitraum i. S. d. § 11 KStG beginnt dann erst mit dem Übergang zur eigentlichen Abwicklung.[182)] **347**

---

178) A. A.: *Hübl*, in: Herrmann/Heuer/Raupach, § 11 KStG Rz. 23, die eine Rechtsgrundlage für ein Wahlrecht nicht sehen; widersprechend *Streck*, KStG, § 11 Rz. 9.
179) *Pink*, S. 184.
180) *Streck*, KStG, § 11 Rz. 6.
181) *Pink*, S. 200.
182) *Pink*, S. 209. *Streck*, KStG, § 11 Rz. 15.

V. Rechnungslegung gegenüber der Finanzverwaltung

348 Beispiel:
Konkurseröffnung: 1. 10. 1993;
Beginn der Liquidation: 1. 1. 1994;
vom 1. 1.- 31. 12. 1993 läuft ein normaler einjähriger Veranlagungszeitraum;
am 1. 1. 1994 beginnt der verlängerte letzte Veranlagungszeitraum.

349 Der letzte Veranlagungszeitraum endet mit der Beendigung der Liquidation. Dieser Zeitpunkt braucht nicht mit der förmlichen Beendigung des Konkursverfahrens übereinzustimmen. Die Beendigung des Konkursverfahrens kann nämlich dadurch verhindert werden, daß die letzte Körperschaftsteuerschuld noch nicht feststeht. Dies hat zur Folge, daß der Veranlagungszeitraum nach § 11 KStG schon dann endet, wenn feststeht, daß die Liquidation abgeschlossen ist und nur noch die Körperschaftsteuerzahlung zu erfolgen hat.[183]

350 Auch bei der Konkursabwicklung gilt das Anrechnungsverfahren der §§ 27 - 40 KStG. Sowohl für das Rumpfwirtschaftsjahr vor Beginn der Liquidation als auch für den letzten Besteuerungszeitraum ist die Gliederung des verwendbaren Eigenkapitals nach § 30 KStG und die gesonderte Feststellung nach § 47 KStG durchzuführen.[184]

351 Im Falle einer Schlußverteilung eines Liquidationsüberschusses tritt die auf der Schlußverteilung beruhende Körperschaftsteueränderung für den letzten Besteuerungszeitraum ein (§ 27 Abs. 3 Satz 2 KStG entsprechend).

352 Die Liquidation führt dann nicht zwingend zu einer Vollrealisierung der gespeicherten Körperschaftsteuer, wenn die Körperschaft über zu wenig Vermögen verfügt, um mittels Liquidationsausschüttungen die gesamte Körperschaftsteuer zu realisieren. Die Steuerrechtspraxis hilft sich in diesem Fall mit dem sogenannten "Leg-ein-Hol-zurück"-Verfahren.[185]

353 Eine ausdrückliche Regelung, welches Eigenkapital im Fall der Liquidation vorrangig als zurückgezahlt gilt, enthält das Körperschaftsteuergesetz nicht. Nach herrschender Meinung gilt verwendbares Eigenkapital vor dem übrigen Eigenkapital (Nennkapital) als ausgekehrt.[186] Die Verrechnung des Nennkapitals wird in § 41 Abs. 4 KStG vorgegeben.

9. Steuererklärungen für die Gewerbesteuer

354 Nach § 4 Abs. 2 GewStDV berührt die Eröffnung des Konkursverfahrens über das Vermögen eines Einzelunternehmers, einer Personengesellschaft oder

---

183) *Streck*, KStG, § 11 Rz. 15.
184) *Streck*, KStG, § 11 Rz. 12, 14.
185) *Streck*, KStG, Beratungs-ABC unter dem Stichwort „Leg-ein-Hol-zurück".
186) *Streck*, KStG, § 41 Rz. 7.

9. Steuererklärungen für die Gewerbesteuer

Kapitalgesellschaft nicht die Gewerbesteuerpflicht. Der Gewerbebetrieb nach Konkurseröffnung ist daher identisch mit dem vor Konkurseröffnung.

Bei Einzelunternehmen und Personengesellschaften erlischt die Gewerbesteuerpflicht mit der tatsächlichen Einstellung des Betriebes (Abschn. 22 Abs. 1 - 5 GewStR). Führt der Konkursverwalter das Unternehmen nicht weiter, sondern beschränkt sich seine Tätigkeit auf die Verwertung der Masse, so kann die Einstellung der gewerblichen Tätigkeit mit der Konkurseröffnung angenommen werden.[187] Bei gewerblich geprägten Personengesellschaften im Sinne von § 15 Abs. 3 Nr. 2 EStG erlischt die Gewerbesteuerpflicht mit der Beendigung jeglicher mit Einkünfteerzielungsabsicht unternommenen Tätigkeit. Kapitalgesellschaften sind allein aufgrund ihrer Rechtsform gewerbesteuerpflichtig. Es genügt die Ausübung irgendeiner Tätigkeit, wobei die Verwertung der Konkursmasse hierzu ausreichend ist.[188]   **355**

Konkursrechtliche Besonderheiten ergeben sich bei der Ermittlung des Gewerbeertrags sowie bei der Einordnung der Gewerbesteuerforderungen als Konkursforderungen, die im Konkurs- und Gesamtvollstreckungsverfahren noch in bevorrechtigte oder nicht bevorrechtigte nach § 61 Abs. 1 Nr. 2 oder 6 KO, § 17 Abs. 3 Nr. 3 oder 4 GesO aufzuteilen sind, und Massekosten nach § 58 Nr. 2 KO, § 13 Abs. 1 Nr. 1 GesO oder § 55 Abs. 1 Nr. 1 InsO.   **356**

Ist die Gewerbesteuerforderung bei Konkurseröffnung bereits entstanden, d. h., betrifft sie einen Zeitraum, der vor Konkurseröffnung geendet hat, so handelt es sich um eine Konkursforderung nach § 61 Abs. 1 Nr. 2 KO oder § 17 Abs. 3 Nr. 3 GesO, falls sie im letzten Jahr vor der Verfahrensöffnung fällig geworden ist. Ist die Forderung bereits fällig (einen Monat nach Bekanntgabe des Gewerbesteuerbescheides, § 20 Abs. 2 GewStG), ist sie in voller Höhe als Konkursforderung nach § 61 Abs. 1 Nr. 2 KO anzusetzen. Entsprechendes gilt nach § 17 Abs. 3 Nr. 3 GesO, falls die Fälligkeit ein Jahr vor Verfahrenseröffnung eingetreten ist. War die Forderung noch nicht fällig, gilt sie als betagte Forderung nach § 65 KO als fällig und ist mit einem abgezinsten Betrag anzusetzen. Auch insoweit dürfte in der Praxis jedoch auf die Angaben zur Abzinsung des Betrages in der Regel verzichtet werden, da sich nennenswerte Auswirkungen nicht ergeben.[189]   **357**

Die Gewerbesteuer des Jahres der Konkurseröffnung ist in einen zum Zeitpunkt der Eröffnung des Verfahrens nach § 3 KO (§ 38 InsO) begründeten Teil und einen erst danach begründeten Teil aufzuteilen. Der nach § 3 KO begründete Teil ist eine Konkursforderung, die im Konkurs- oder Gesamtvollstreckungsverfahren nicht bevorrechtigt ist (§ 61 Abs. 1 Nr. 6 KO; § 17 Abs. 3   **358**

---

187) Vgl. RFH RStBl 1941, 225; *Hess/Boochs/Weis*, Rz. 636 f.
188) *Hess/Boochs/Weis*, Rz. 638.
189) *Frotscher*, S. 199 f; *Hess/Boochs/Weis*, Rz. 643 f.

V. Rechnungslegung gegenüber der Finanzverwaltung

Nr. 4 GesO) und die im Konkursverfahren als befristete und damit aufschiebend bedingte Forderung nur zur Sicherung berechtigt (§ 67 KO). Im Gesamtvollstreckungsverfahren zählen außerdem auch diejenigen Steuerforderungen zu den nicht bevorrechtigten Forderungen, die ein Jahr vor Verfahrenseröffnung fällig geworden sind. Der noch nicht begründete Teil stellt Massekosten nach § 58 Nr. 2 KO, § 13 Abs. 1 Nr. 1 GesO oder § 55 Abs. 1 Nr. 1 InsO dar.

359 Nach § 16 Abs. 2 GewStDV ist der Gewerbeertrag bei allen Gewerbesteuerpflichtigen, soweit er im Zeitraum der Abwicklung entstanden ist, auf diesen Abwicklungszeitraum zu verteilen. Die Verteilung der in dem genannten Zeitraum erzielten Gewinne auf die einzelnen Jahre erfolgt nach Maßgabe von Abschn. 46 GewStR.[190] Danach ist zunächst grundsätzlich für die Zeit vom Schluß des vorangegangenen Wirtschaftsjahres bis zum Beginn des Abwicklungszeitraums ein Rumpfwirtschaftsjahr zu bilden, das nicht in den Abwicklungszeitraum einbezogen wird. Insoweit besteht - ähnlich wie bei der Körperschaftsteuer - ein Wahlrecht. Der im Zeitraum der Abwicklung entstandene Gewerbeertrag ist auf die Jahre des Abwicklungszeitraums nach dem Verhältnis aufzuteilen, nach dem die Zahl der Kalendermonate, in denen im einzelnen Jahr die Steuerpflicht bestand, zu der Gesamtzahl der Kalendermonate des Abwicklungszeitraums steht.

360 Wird ein Gewerbebetrieb zunächst weitergeführt und wird erst später mit der Konkursabwicklung begonnen, so ist das Wirtschaftsjahr, auf dessen Anfang oder in dessen Lauf der Beginn der Konkursabwicklung fällt, das erste Jahr des in § 16 Abs. 2 GewStDV vorgesehenen Zeitraums, auf den der Gewerbeertrag aufzuteilen ist.[191]

361 Für das Jahr, in dem der Konkurs eröffnet wurde oder in dem mit der Abwicklung begonnen wurde, sind besondere Angaben für die Aufteilung der Steuern nach dem Gewerbeertrag erforderlich. Es muß der vor und nach Konkurseröffnung oder Abwicklungsbeginn erzielte Ertrag angegeben werden, da diese Größen für die Aufteilung des Steuermeßbetrages nach dem Ertrag von Bedeutung sind.

362 Da bei der Gewerbesteuer keine Progression zu berücksichtigen ist, kann der Steuermeßbetrag nach dem Ertrag im Verhältnis des vor und nach Konkurseröffnung erzielten Ertrages aufgeteilt werden. Hierdurch werden auch eventuelle Hinzurechnungen oder Kürzungen nach §§ 8, 9 GewStG sowie etwaige Freibeträge aufgeteilt.[192]

---

190) *Frotscher*, S. 198; *Pink*, S. 201.
191) Vgl. RFH RStBl 1940, 476; *Frotscher*, S. 198; *Pink*, S. 209.
192) Vgl. *Frotscher*, S. 198.

Nach § 10a GewStG besteht die Möglichkeit des Verlustvortrags, nicht aber - 363
im Gegensatz zum Einkommensteuerrecht - die Möglichkeit des Verlustrücktrags. Der vorgetragene Verlust kann jedoch infolge des Objektcharakters der Gewerbesteuer nur bei demselben Gemeinschuldner in dem gleichen Gewerbebetrieb abgezogen werden.[193] Die Aufteilung des Meßbetrages nach dem Gewerbekapital erfolgt zeitanteilig.[194]

Die Angaben für die Aufteilung der Gewerbesteuerschuld erfolgen zweckmä- 364
ßigerweise in einer Anlage zu der Steuererklärung. Sie sollten nicht nur die einzelnen Teilbeträge, sondern auch die zuvor erwähnte Aufteilungsmethode erkennen lassen.

10. Steuererklärungen für die Umsatzsteuer

Die Konkurseröffnung hat auf die Umsatzsteuerpflicht keinen Einfluß, da sie 365
an Lieferungen, sonstige Leistungen und Eigenverbrauch eines Unternehmers im Erhebungsgebiet sowie an die Einfuhr und den innergemeinschaftlichen Erwerb anknüpft.[195] Umsatzsteuerpflichtig sind sowohl die Umsätze, die der Verwalter durch eine zeitweilige Betriebsfortführung erzielt, als auch die Umsätze, die durch die Versilberung der Konkursmasse entstehen.[196] Der Gemeinschuldner bleibt Steuerschuldner und Unternehmer.[197]

Die Besonderheit bei Insolvenzverfahren besteht zum einen darin, daß die 366
Umsatzsteuer entweder als Konkursforderung zu qualifizieren ist, die im Konkurs- und Gesamtvollstreckungsverfahren bevorrechtigt ist (§ 61 Abs. 1 Nr. 2 KO; § 17 Abs. 3 Nr. 3 GesO), oder daß sie als Massekostenforderung geltend gemacht werden kann. Sie kann lediglich im Gesamtvollstreckungsverfahren den nicht bevorrechtigten Forderungen zugeordnet werden, falls sie früher als ein Jahr vor Verfahrenseröffnung fällig geworden ist.

Zum anderen besteht in Insolvenzverfahren die Besonderheit, daß die kon- 367
kursbelastete Umsatzsteuer von dem konkursfreien Bereich abzugrenzen ist.[198]

---

193) *Hess/Boochs/Weis*, Rz. 646.
194) Vgl. *Frotscher*, S. 199.
195) *Birkenfeld*, § 209 Rz. 100.
196) *Pink*, S. 190.
197) *Onusseit*, S. 18.
198) *Hess/Boochs/Weis*, Rz. 658.

V. Rechnungslegung gegenüber der Finanzverwaltung

a) Konkursrechtliche Zuordnung der Umsatzsteuerforderung oder des Umsatzsteuererstattungsanspruchs

368 Bei Abgabe der Umsatzsteuervoranmeldung sind die notwendigen Angaben zu machen, die die Geltendmachung der Umsatzsteuerforderungen als Konkursforderung oder Massekostenforderung oder die Zuordnung eines Erstattungsanspruchs zu dem vorkonkurslichen Vermögen oder zur Konkursmasse ermöglichen.

369 Zu diesem Zweck ist es erforderlich, die Zuordnung jedes einzelnen Umsatzes und jeder einzelnen Vorsteuerforderung getrennt zu beurteilen. Dies ist möglich, da die einzelnen steuerpflichtigen Umsätze nicht wie die Einnahmen bei der Einkommensteuer unselbständige Berechnungsposten für die veranlagte Steuerschuld bilden, die mit Ablauf des Voranmeldezeitraums einheitlich entsteht. Vielmehr ist bei der Umsatzsteuer eine zeitliche Zuordnung der einzelnen Umsätze möglich mit der Folge, daß jeder einzelne Umsatz und jeder einzelne Vorsteuerbetrag getrennt beurteilt werden kann.[199]

(1) Zuordnung der Umsatzsteuer für die einzelnen steuerpflichtigen Umsätze

370 Die Zuordnung richtet sich danach, wann die Umsatzsteuer auf den einzelnen steuerpflichtigen Umsatz begründet i. S. d. § 3 Abs. 1 KO (§ 38 InsO) ist. Dabei ist es entscheidend, zu welchem Zeitpunkt (bei der Ist-Besteuerung) die Entgelte vereinnahmt oder (bei der Soll-Besteuerung) die Lieferungen und sonstigen Leistungen erbracht oder der Eigenverbrauch getätigt wurden. Bei dem unberechtigten Ausweis von Umsatzsteuer i. S. d. § 14 Abs. 3 UStG fallen die Entstehung und das Begründetsein der Umsatzsteuerforderung im Zeitpunkt der Ausgabe der Rechnung zusammen.[200]

371 Ist die Umsatzsteuer vor Eröffnung des Konkursverfahrens bereits entstanden und auch fällig geworden, ist sie mit dem Konkursvorrecht nach § 61 Nr. 2 KO oder § 17 Abs. 3 Nr. 3 GesO zur Tabelle anzumelden. Entsprechendes gilt für den Rückforderungsanspruch des Finanzamts bezüglich erschlichener Vorsteuerabzugsbeträge.[201]

372 Ist die Konkursforderung vor Eröffnung des Konkursverfahrens entstanden, zu diesem Zeitpunkt aber nicht fällig gewesen, so ist zu unterscheiden, ob der Fälligkeitstag bestimmt oder unbestimmt ist. Soweit die Umsatzsteuer angemeldet ist, ist der Fälligkeitstag nach § 18 Abs. 1 UStG kalendermäßig

---

199) *Onusseit*, S. 86 ff; *Onusseit/Kunz*, Rz. 338 f; *Frotscher*, S. 206.
200) Vgl. BMF-Schreiben vom 17. 10. 1979, BStBl 1979 I, 624; BFH, Urt. v. 2. 2. 1978 - V R 128/76, BStBl 1978 II, 483; *Birkenfeld*, § 209 Rz. 106.
201) BFH, Urt. v. 20. 8. 1992 - V R 98/90, UR 1993, 66.

10. Steuererklärungen für die Umsatzsteuer

bestimmt. Die Umsatzsteuerforderung ist dann eine betagte Konkursforderung, die infolge ihrer Unverzinslichkeit mit einem abgezinsten Betrag zur Tabelle anzumelden ist, die im Konkurs- und Gesamtvollstreckungsverfahren die Vorrechte nach § 61 Nr. 2 KO oder § 17 Abs. 3 Nr. 3 GesO genießen. Die Abzinsung hat jedoch in der Regel keine nennenswerte Bedeutung, da die Fälligkeit schon am zehnten Tag nach dem Ende des Voranmeldungszeitraums eintritt.

Ist die Umsatzsteuerforderung vor Eröffnung des Konkursverfahrens entstanden, mangels Anmeldung aber noch nicht fällig geworden, so handelt es sich um eine betagte Forderung nach § 65 KO (§ 41 Abs. 1 InsO), die im Rahmen der Forderungsanmeldung abzuzinsen ist.[202] Der Abzinsungsbetrag ist zu schätzen. Dabei ist es maßgebend, zu welchem Zeitpunkt nach dem gewöhnlichen Lauf der Dinge mit einer Festsetzung der nicht angemeldeten Steuer gerechnet werden mußte. Die Eröffnung des Konkursverfahrens kann dabei außer Betracht bleiben. Die Abzinsung ist auch in diesen Fällen in der Regel von untergeordneter Bedeutung und kann aus Gründen der Vereinfachung in der Praxis unterbleiben. **373**

Ist die Umsatzsteuerforderung noch nicht entstanden, weil die Konkurseröffnung vor Ende des Voranmeldungszeitraums lag, handelt es sich um eine befristete Forderung, die im Konkursverfahren als aufschiebend bedingte Forderung nach § 67 KO nur zur Sicherung berechtigt ist und das Konkursvorrecht des § 61 Abs. 1 Nr. 2 KO nicht genießt. Sie kann nach Entstehung, d. h. nach Ablauf des Voranmeldungszeitraums, nur im Range des § 61 Abs. 1 Nr. 6 KO oder des § 17 Abs. 3 Nr. 4 GesO geltend gemacht werden. **374**

In diesem Zusammenhang kann die **Entstehung** des Umsatzsteueranspruchs wie folgt zusammengefaßt werden (vgl. im einzelnen § 13 UStG): **375**

- bei Lieferungen und Leistungen und einer Besteuerung nach vereinbarten Entgelten

    mit Ablauf des Voranmeldungszeitraums, in dem der Umsatz ausgeführt wurde

- bei Lieferungen und Leistungen und einer Besteuerung nach vereinnahmten Entgelten

    mit Ablauf des Voranmeldungszeitraums, in dem die Entgelte vereinnahmt wurden

- bei Eigenverbrauch

    mit Ablauf des Voranmeldungszeitraums, in dem der Eigenverbrauch ausgeführt wurde

---

[202] *Hess/Boochs/Weis*, Rz. 674.

V. Rechnungslegung gegenüber der Finanzverwaltung

• bei Ausweis eines höheren Steuerbetrags in einer Rechnung nach § 14 Abs. 2 UStG	mit Ablauf des Voranmeldungszeitraums, in dem die Umsatzsteuer auf die Lieferung oder Leistung entstehen würde
• bei unberechtigt ausgewiesener Umsatzsteuer gemäß § 14 Abs. 3 UStG	mit Ausgabe der Rechnung
• bei Berichtigung der Vorsteuer gemäß § 17 Abs. 1 Satz 2 UStG	mit Ablauf des Voranmeldungszeitraums, in dem die Änderung der Bemessungsgrundlage eingetreten ist

376 Die **Fälligkeit** der Umsatzsteuerforderung kann wie folgt zusammengefaßt werden (vgl. im einzelnen § 18 Abs. 1 letzter Satz, Abs 4 UStG):

• Umsatzsteuervorauszahlungen	am zehnten Tag nach Ablauf des Voranmeldungszeitraums
• Überschuß aus der Steueranmeldung für das Kalenderjahr	1 Monat nach Eingang der Steueranmeldung

377 Wurde die Umsatzsteuer nach Konkurseröffnung begründet, so gehört sie zu den Massekosten.

378 Da für die Sequestration nach § 106 KO und § 22 InsO keine konkursrechtlichen Sonderregelungen bestehen, ist bei wortgetreuer Anwendung von § 3 KO und § 38 InsO unter Berücksichtigung der ratio legis dieser Vorschrift die Umsatzsteuer, die während der Sequestration begründet wurde, den Konkursforderungen zuzuordnen, da sie vor Eröffnung des Konkursverfahrens begründet wurde.[203] Hier eröffnet sich im Konkurs- und Gesamtvollstreckungsverfahren für den Sequester eine Gestaltungsmöglichkeit: Versilbert der Konkursverwalter die Massegegenstände, gehört die Umsatzsteuer zu den Massekosten nach § 58 Nr. 2 KO bzw. § 13 Abs. 1 Nr. 1 GesO. Wird aber vor die Eröffnung des Konkursverfahrens eine Sequestration geschaltet, in der die Gegenstände veräußert werden, ist die Umsatzsteuer Konkursforderung, ohne daß eine Haftung des Sequesters eintritt.

379 Es wird insoweit aber auch für das Konkurs- und Gesamtvollstreckungsverfahren die Ansicht vertreten, daß die während der Sequestration begründeten Verbindlichkeiten bereits den Massekosten oder -schulden zuzuordnen sind, soweit sie aus dem Verwaltungshandeln des Sequesters herrühren und die Masseunzulänglichkeit nicht bereits bekanntgemacht wurde. Diese Auffas-

---

[203] *Birkenfeld*, § 209 Rz. 133; *Onusseit*, S. 55 ff; *Frotscher*, S. 212.

10. Steuererklärungen für die Umsatzsteuer

sung wird mit der Verpflichtung eines durch Hoheitsakt bestellten Vermögensverwalters zur ordentlichen Verwaltung des Vermögens begründet. Danach muß der Vermögensverwalter stets Deckung für die neuen, während der Sequestration eingegangenen Verbindlichkeiten bereithalten oder aber zuvor die Masseunzulänglichkeit bekanntgeben. Zur Begründung wird außerdem auf die Haftung des Konkursverwalters nach §§ 69, 34 AO verwiesen. Die Haftung setzt indessen eine objektive Pflichtverletzung voraus, was für die hier anstehende Frage nicht zweifelsfrei bejaht werden kann.[204]

Die Zuordnung der während der Sequestration begründeten Umsatzsteuer zu den Massekosten oder -schulden widerspricht jedoch eindeutig dem Gesetz und ist daher abzulehnen. Insbesondere liegt insoweit keine Regelungslücke im Gesetz vor, da die Abgrenzung der Konkursforderungen von den Massekosten und Masseschulden durch die Regelung in §§ 58, 59, 224, 3 KO zweifelsfrei erfolgte. Wollte man anders entscheiden, müßten auch Rechtshandlungen des vorläufigen Vergleichsverwalters im Anschlußkonkurs unter die Masseschulden subsumiert werden, was - wie die Regelung in § 106 VglO zeigt - vom Gesetzgeber gerade nicht gewollt war.[205] **380**

Im Insolvenzverfahren nach der Insolvenzordnung handelt es sich bei den während der vorläufigen Verwaltung begründeten Verbindlichkeiten bereits um Masseverbindlichkeiten nach § 55 Abs. 2 InsO. Wurde die Umsatzsteuer im konkursfreien Vermögen - z. B. in einem neuen Gewerbebetrieb des Gemeinschuldners - begründet, so ist sie dem konkursfreien Vermögen zuzuordnen, obwohl umsatzsteuerlich weiterhin nur ein Unternehmen besteht. **381**

Gemäß § 17 Abs. 2 UStG ist die Berichtigung des Vorsteuerabzugs dann vorzunehmen, wenn das vereinbarte Entgelt für eine steuerpflichtige Leistung oder sonstige Leistung uneinbringlich geworden ist (Nr. 1), wenn für eine vereinbarte Lieferung oder Leistung ein Entgelt entrichtet, die Lieferung oder sonstige Leistung jedoch nicht ausgeführt worden ist (Nr. 2) und wenn eine steuerpflichtige Lieferung oder sonstige Leistung rückgängig gemacht worden ist (Nr. 3). Besteben gegen den Gemeinschuldner Forderungen, für die er den Vorsteuerabzug vorgenommen hat, kann davon ausgegangen werden, daß diese Forderung spätestens im Zeitpunkt der Konkurseröffnung uneinbringlich geworden sind.[206] Wenn der Gemeinschuldner aus nicht bezahlten Rechnungen den Vorsteuerabzug vorgenommen hatte, entsteht für das Finanzamt gegen den Gemeinschuldner ein Anspruch auf Rückgängigmachung des Vorsteuerabzuges gemäß § 17 UStG. Dieser Anspruch ist vom Finanzamt als unselb- **382**

---

204) Vgl. dazu *Kilger*, in: Festschrift Einhundert Jahre Konkursordnung, S. 189 ff; a. A.: *Bücheler*, DStR 1980,70, 71.
205) Vgl. *Kuhn/Uhlenbruck*, KO, § 59 Rz. 6a; OLG Celle, Urt. v. 18. 2. 1993 - 20 U 67/91, NJW-RR 1992, 865.
206) *Hess/Boochs/Weiß*, Rz. 687.

ständiger Teil der Umsatzsteuerschuld für den mit der Eröffnung des Konkursverfahrens endenden Voranmeldungszeitraum zur Tabelle anzumelden.

383 Durch Verwertungshandlungen des Konkursverwalters kann eine Vorsteuerberechtigung nach § 15aKStG ausgelöst werden. Gemäß § 15a Abs. 1 KStG ist eine Berichtigung des Abzugs der auf die Anschaffungs- oder Herstellungskosten eines Wirtschaftsgutes entfallen Vorsteuerbeträge immer dann vorzunehmen, wenn sich die Verhältnisse, die im Kalenderjahr der erstmaligen Verwendung maßgebend waren, ändern. Die Vorschrift dient insoweit der Korrektur des vom Unternehmer vorgenommen Vorsteuerabzugs bei Wirtschaftsgütern, die langfristig im Unternehmen verwendet werden sollen.[207] In diesen Fällen bereitet die Zuordnung der Umsatzsteuerforderungen Schwierigkeiten.

384 Die Schwierigkeiten folgen aus § 17 Abs. 1 Satz 3 UStG, wonach die Berichtigungen für den Besteuerungszeitraum vorzunehmen sind, in dem die Änderung des Entgelts eingetreten ist. Zum Teil wird die Ansicht vertreten, die ursprüngliche Umsatzsteuerforderung sei den Konkursforderungen zuzuordnen, die spätere Berichtigung und die damit verbundene negative Umsatzsteuerforderung den Massekosten.[208]

385 Auch insoweit ist darauf abzustellen, wann die zu berichtigende Umsatzsteuer i. S. d. § 3 KO (§ 38 InsO) begründet wurde. Die durch die Berichtigung entstehende negative Umsatzsteuerforderung ist daher den Konkursforderungen zuzuordnen, sofern die ursprüngliche Umsatzsteuerforderung bereits vor Konkurseröffnung "begründet" i. S. d. § 3 KO war. § 17 Abs. 1 Satz 3 UStG regelt in diesem Zusammenhang nur die Geltendmachung der Berichtigung. Es kann daher durchaus die Berichtigung nach Konkurseröffnung für den Besteuerungszeitraum vorgenommen werden, in dem die Änderung des Entgelts eingetreten ist, und gleichzeitig der daraus resultierende Berichtigungsposten den Konkursforderungen zugeordnet werden.

(2) Zuordnung der Vorsteuer

386 Das Begründetsein des Vorsteuerabzugs ist, wenn die Voraussetzung des § 15 Abs. 1 UStG vorliegt, nicht von der tatsächlichen Entrichtung des Rechnungsbetrages durch den Abnehmer abhängig. Maßgebend ist vielmehr, zu welchem Zeitpunkt der Anspruch auf Vorsteuerabzug begründet ist. Der Abzug ist zugelassen, sobald die Umsätze an den Unternehmer ausgeführt und die Umsatzsteuerbeträge ihm in Rechnung gestellt sind.[209]

---

207) *Hess/Boochs/Weiß*, Rz. 703.
208) Vgl. *Bücheler*, DStR 1980, 70, 72.
209) *Birkenfeld*, § 167 Rz. 39.

10. Steuererklärungen für die Umsatzsteuer

Die Zuordnung des Vorsteuerabzugs bereitet auch in den Fällen der Änderung **387** der Bemessungsgrundlage Schwierigkeiten. Solche Änderungen treten bei Insolvenzverfahren besonders häufig auf, da die Konkursgläubiger ihre Forderungen zunächst für uneinbringlich halten und sie im Fall von Quotenausschüttungen möglicherweise später wieder zum Teil als werthaltig ansehen. Der Vorsteuerrückforderungsanspruch ist dem Zeitraum zuzuordnen, in dem der Anspruch auf Vorsteuerabzug entstanden ist. Unerheblich ist auch in diesem Zusammenhang, daß nach § 17 Abs. 1 Satz 3 UStG die Berichtigung für den Besteuerungszeitraum vorzunehmen ist, in dem die Änderung des Entgelts eingetreten ist. § 17 Abs. 1 Satz 3 UStG regelt auch für die Berichtigung des Vorsteuerabzugs nur die Geltendmachung der Berichtigung, nicht aber die konkursrechtliche Zuordnung.[210]

Hat der später in Konkurs gefallene Unternehmer ein Wirtschaftsgut erworben **388** oder hergestellt und den Vorsteuerabzug hieraus geltend gemacht, so muß dieser nach § 15a UStG berichtigt werden, wenn das Wirtschaftsgut innerhalb bestimmter Fristen unter Umständen veräußert wird, die zum Ausschluß des Vorsteuerabzugs führen.[211] Unabhängig von dem umsatzsteuerrechtlichen Entstehen des Rückforderungsanspruchs ist die Frage zu beantworten, wann der Rückforderungsanspruch i. S. d. § 3 KO (§ 38 InsO) begründet war. Der rechtlich maßgebende Vorgang ist nicht der Erwerb oder die Herstellung des Wirtschaftsguts und der hieran anknüpfende Vorsteuerabzug. Vielmehr stellt die Veräußerung des Wirtschaftsgutes, die zu einer Berichtigung des Vorsteuerabzugs nach § 15a UStG führt, einen neuen umsatzsteuerbaren Vorgang dar. Hierdurch wird die Art der Besteuerung des ursprünglichen Vorgangs des Erwerbs oder der Herstellung geändert, mit der Folge, daß der Vorsteuererstattungsanspruch nach Konkurseröffnung begründet und der Vorsteuererstattungsanspruch als Massekosten einzuordnen ist.[212]

Verwertet ein absonderungsberechtigter Gläubiger ein zur Konkursmasse ge- **389** höriges Grundstück im Wege der Zwangsversteigerung nach §§ 147 KO; § 183 InsO, so zählt der dadurch ausgelöste Vorsteuerberichtigungsanspruch ebenso zu den Massekosten i. S. d. § 58 Nr. 2 KO oder § 55 Abs. 1 InsO wie im Falle der Grundstücksverwertung durch den Konkursverwalter selbst.[213]

Aus § 58 Abs. 2 KO/§ 55 Abs. 1 InsO kann nichts Gegenteiliges abgeleitet **390** werden, auch wenn danach nur Verwertungshandlungen des Konkursverwal-

---

210) Vgl. *Bücheler*, DStR 1980, 70, 72; *Frotscher*, S. 217.
211) *Hess/Boochs/Weis*, Rz. 702 ff.
212) Vgl. *Beermann*, in: Hübschmann/Hepp/Spitaler, AO, § 252 Rz. 171a.
213) BFH, Urt. v. 9. 4. 1987 - V R 23/80, ZIP 1987, 723 = UR 1987, 166, dazu EWiR 1987, 607 *(Onusseit)*; FG Niedersachsen, Urt. v. 31. 1. 1989 - V 49/87, ZIP 1990, 399 = UR 1990, 127; BFH, Urt. v. 6. 6. 1991 - V R 115/87, ZIP 1991, 1080 = UR 1991, 299, dazu EWiR 1991, 909 *(Frotscher)*; BFH, Beschl. v. 23. 11. 1993 - V B 93/93, BB 1994, 631.

ters, nicht aber die der absonderungsberechtigten Gläubiger erfaßt werden. Maßgebend ist nämlich, daß die Verwertung durch einen absonderungsberechtigten Gläubiger die Grundlage für den Vorsteuerberichtigungsanspruch bildet und diese Grundlage zeitlich nach der Konkurseröffnung liegt.[214]

(3) **Zusammenfassung der Einzelergebnisse**

391 Die für die Zuordnung der einzelnen Umsatzsteuerforderungen oder Erstattungsansprüche notwendigen Angaben können zweckmäßigerweise durch Abgabe von mehreren gesonderten Umsatzsteuervoranmeldungen oder Umsatzsteuererklärungen durchgeführt werden.[215]

392 Auf diese Weise kann es im Konkurs- und Gesamtvollstreckungsverfahren im Jahr der Verfahrenseröffnung erforderlich sein, bis zu fünf Erklärungen abzugeben (Zeit vor und während der Sequestration, jeweils mit Aufteilung der Steuerforderungen nach § 61 Abs. 1 Nr. 2 KO und § 61 Abs. 1 Nr. 6 KO, Zeit nach Konkurseröffnung, Erklärung für den konkursfreien Bereich, Gesamterklärung).

393 Im Verfahren nach der Insolvenzordnung werden insoweit lediglich maximal vier Erklärungen erforderlich (Zeit vor der vorläufigen Verwaltung, Zeit nach Eröffnung der Insolvenz, Erklärung für den konkursfreien Bereich, Gesamterklärung).

394 Statt dessen kann es - insbesondere zur Abstimmung der Gesamterklärung mit den Teilbereichen - zweckmäßig sein, die Daten der Gesamterklärung in Form einer Anlage zu der Umsatzsteuererklärung auf die einzelnen Bereiche, ähnlich wie bei der Einkommensteuer (oben Rz. 297 ff), zu verteilen.

395 Unabhängig davon, wie die erforderlichen Angaben gegenüber der Finanzbehörde erfolgen, ist darauf zu achten, daß nur die tatsächlich entstandene gesamte Umsatzsteuerschuld bzw. der gesamte Vorsteuerüberschuß aufgeteilt werden kann. Das bedeutet, daß es in demselben Besteuerungszeitraum nicht zu Vorsteuererstattungen an den einen und zu Umsatzsteuerforderungen gegen einen anderen Bereich des einheitlichen Unternehmens kommen kann. Übersteigt bei einem Bereich die abziehbare Vorsteuer die Umsatzsteuer, kommt es nicht zu Erstattungen an diesen Bereich, wenn in ihm in diesem Besteuerungszeitraum überhaupt keine Umsatzsteuerschuld entstanden ist.

---

214) A. A. *Stadie*, S. 288; *Onusseit/Kunz*, Rz. 474.
215) Vgl. *Geist*, Rz. 40.

10. Steuererklärungen für die Umsatzsteuer

Beispiel: 396

Umsatzsteuerzahllast	DM 3.000,--
Steuerforderungen gemäß § 61 Abs. 1 Nr. 2 KO	DM 1.000,--
Erstattungen der Konkursmasse	– DM 2.000,--
Umsatzsteuerschuld aus außerkonkurslicher Tätigkeit	DM 4.000,--

Es ist lediglich die gesamte Umsatzsteuerschuld von 3 000 DM im Verhältnis der Umsatzsteuerbeträge, d. h. im Verhältnis $^1/_5 : {}^4/_5$ aufzuteilen.

b) Umsatzsteuer bei Ausübung des Wahlrechts nach § 17 KO, § 9 GesO, § 103 InsO

Eine Ausübung des Wahlrechts durch den Verwalter (§ 17 KO, § 9 GesO, 397 § 103 InsO) bringt keine Besonderheiten für die Abgabe der Umsatzsteuererklärung mit sich. Für den Fall, daß Erfüllung gewählt wird, wird die Umsatzsteuerforderung begründet, sobald die Lieferung oder sonstige Leistung erbracht wird. Der Vorsteuerabzug ist im Zeitpunkt des tatsächlichen Abzugs, der Verrechnung oder der Entstehung des Anspruchs auf Vorsteuerabzug begründet.

Wird die Erfüllung abgelehnt, so entsteht entweder keine Umsatzsteuerforde- 398 rung oder kein Vorsteuerabzug. Wurde indessen bereits Umsatzsteuer in Rechnung gestellt, so ist die Umsatzsteuerforderung oder der Vorsteuerabzug nach den dargestellten Grundsätzen zu berichtigen.

Bei Werkverträgen über Bauleistungen oder ähnlichen Werklieferungsverträ- 399 gen i. S. d. § 651 BGB stellt sich eine besondere umsatzsteuerrechtliche Problematik. Hierbei ist zwischen der Behandlung von halbfertigen Arbeiten im Konkurs des Bauunternehmers und des Bauherrn zu unterscheiden. Lehnt der Verwalter in der Insolvenz des Bauunternehmers die Erfüllung der Bauverträge ab, so sind diese vom Zeitpunkt des Zugehens der Erklärung an erloschen. Dabei entsteht ein Abrechnungsverhältnis, bei dem der Besteller sich das halbfertige, auf seinem Grund und Boden vor Eröffnung des Konkursverfahrens erstellte Werk anrechnen lassen muß, soweit es für ihn einen Wert besitzt. Lehnt der Verwalter die Vertragserfüllung ab, so wird das halbfertige Werk zum neuen Gegenstand der Werklieferung.[216)] Dieser Wert ist umsatzsteuerpflichtiges Entgelt i. S. d. § 10 Abs. 1 UStG, das an die Stelle des ursprünglich vereinbarten Entgelts tritt, und zwar im Zeitpunkt der Eröffnung des Konkursverfahrens. Erfüllt der Verwalter hingegen den Kaufvertrag und verlangt er vom Bauherrn die Gegenleistung, so erbringt er eine Werklieferung i. S. d. § 3 Abs. 4 UStG, wenn er das unvollständige Werk dem Bauher-

---

216) *Hess/Boochs/Weis*, Rz. 721.

V. Rechnungslegung gegenüber der Finanzverwaltung

ren überläßt. Die Umsatzsteuer gehört dann zu den Massekosten nach § 58 Nr. 2 KO, § 13 Abs. 1 Nr. 1 GesO oder § 55 Abs. 1 InsO.[217]

400 Im Bestellerkonkurs verbleibt dem Unternehmer ein Vergütungsanspruch, der im Regelfall ausfällt mit der Folge, daß die darauf entfallende Umsatzsteuer wegen Änderung der Bemessungsgrundlage nicht abzuführen ist.[218]

c) Umsatzsteuer bei der Verwertung von Massegegenständen

401 Um die Verwertung von Massegegenständen umsatzsteuerrechtlich zutreffend erfassen zu können, empfiehlt sich zunächst ihre Einordnung in das konkursrechtliche System der Verwertungsmöglichkeiten.

402 Aus § 127 KO (§§ 166, 173 InsO) ergibt sich für die Verwertung von Sicherungsgut, daß sowohl der Konkursverwalter (§ 127 Abs. 1 KO; § 166 Abs. 1 InsO) als auch der Sicherungsgläubiger (§ 127 Abs. 2 KO; § 173 InsO) das Sicherungsgut verwerten können. Ist der Gläubiger befugt, sich aus dem Gegenstand ohne gerichtliches Verfahren zu befriedigen, so kann auf Antrag des Konkursverwalters das Konkursgericht dem Gläubiger nach dessen Anhörung eine Frist bestimmen, innerhalb deren er den Gegenstand zu verwerten hat. Erst nach Ablauf dieser Frist findet § 127 Abs. 1 KO (§ 166 Abs. 1 InsO) Anwendung, der die Verwertung des Sicherungsguts durch den Konkursverwalter zum Gegenstand hat.

403 Umsatzsteuerrechtlich ist grundsätzlich davon auszugehen, daß die Bestellung des Sicherungsrechts noch keine Lieferung i. S. d. § 1 Abs. 1 Nr. 1 und § 3 Abs. 2 UStG ist, sondern daß sich erst mit der Ausübung des aus dem Sicherungsrecht erwachsenen Absonderungsrechts des Sicherungsnehmers eine entgeltliche Lieferung des Sicherungsgebers an den Sicherungsnehmer vollzieht.[219] Die Übertragung, die eine Lieferung im umsatzsteuerrechtlichen Sinne kennzeichnet, erfolgt daher erst mit der Verwertung des Sicherungsguts.

404 Voraussetzung für die Verwertung des Sicherungsguts ist in den Fällen des § 127 KO (§§ 166, 173 InsO), daß der Konkursverwalter den Gegenstand zur Verwertung freigibt. Dabei muß unterschieden werden, in welcher Form die Freigabe erfolgt.

405 Die „Freigabe zur Verwertung" kann in der Form erfolgen, daß der Konkursverwalter das sich aus dem Sicherungseigentum ergebende Absonderungsrecht

---

217) *Hess/Boochs/Weis*, Rz. 722. So die heute ganz vorherrschende Meinung: *Frotscher*, S. 234; *Onusseit*, S. 158 ff; *Onusseit/Kunz*, Rz. 432 f.
218) BFH, Beschl. v. 24. 4. 1980 - V S 14/79, BStBl 1980 II, 541 = ZIP 1980, 796 mit Anm. *E. Weiß*.
219) BFH, Urt. v. 20. 7. 1978 - V R 2/75, BStBl 1978 II, 684; BFH, Urt. v. 4. 6. 87 - V R 57/79, BStBl 1987 II, 741.

(§ 47 KO; § 173 InsO) anerkennt, nicht aber, daß er das Sicherungsgut dem Sicherungseigentümer zur Verwertung überläßt.[220] In diesem Fall kann also nicht der Sicherungsgläubiger selbst die Befriedigung betreiben. Vielmehr verwertet der Konkursverwalter mit Zustimmung der beteiligten Sicherungseigentümer (§ 127 Abs. 2 KO) oder kraft eigener Befugnisse (§ 127 Abs. 1 KO; § 166 InsO) das Sicherungsgut. Die Gläubiger können dann nur die Rechte auf den Erlös geltend machen.

406 Umsatzsteuerrechtlich hat dies zur Folge, daß der Konkursverwalter unmittelbar an die Dritterwerber steuerbare und steuerpflichtige Umsätze bewirkt. Die Umsatzsteuer für diese Umsätze zählt nach § 58 Nr. 2 KO oder § 55 Abs. 1 InsO zu den Massekosten. Die Umsatzsteuerforderung ist nämlich erst dann im Sinne von § 3 Abs. 1 KO bzw. § 38 InsO begründet, wenn der Tatbestand, aus dem sich der Anspruch ergibt, vollständig verwirklicht und abgeschlossen ist.[221]

407 Die „Freigabe zur Verwertung" kann aber auch bedeuten, daß der Konkursverwalter auf das dem Sicherungsgeber (Gemeinschuldner) im Sicherungsvertrag vorbehaltene Recht auf Verwertung des Sicherungsguts aus eigener Initiative verzichtet hat oder daß er auf Verlangen des Sicherungseigentümers das Sicherungsgut zur Verwertung durch den Sicherungseigentümer freigegeben hat.[222] In diesem Fall wird das Sicherungsgut im Namen und für Rechnung des Sicherungseigentümers veräußert. Der Anspruch auf den Veräußerungserlös dient dabei, sofern nicht abweichende Regelungen im Sicherungsvertrag stehen, der Befriedigung des Sicherungseigentümers.[223]

408 Umsatzsteuerrechtlich wird hier mit der Freigabe zur Verwertung an den Sicherungseigentümer (§§ 4, 127 Abs. 2 KO; § 173 InsO) eine steuerbare und steuerpflichtige Lieferung bewirkt. Die darauf entfallende Umsatzsteuer zählt zu den Massekosten, da auch hier die Umsatzsteuer erst mit der Freigabe zur Verwertung begründet ist. Sofern im Sicherungsvertrag nichts Abweichendes geregelt ist, muß die Masse damit die Umsatzsteuer tragen, obwohl sie als Teil des Erlöses zur Befriedigung des Sicherungsgläubigers herangezogen wird. Verwertet der Sicherungsnehmer später das Sicherungsgut, so liegt darin ein weiterer steuerbarer Umsatz, und zwar zwischen Sicherungsnehmer und Abnehmer (sog. Doppelumsatztheorie).[224]

---

220) BFH BStBl 1978 II, 684; BFH BStBl 1987 II, 741.
221) BFH, Urt. v. 13. 11. 1986 – V R 59/79, BStBl 1987 II, 226; *Hess/Boochs/Weis*, Rz. 734.
222) BGH, Urt. v. 22. 3. 1972 – VIII ZR 119/70, BGHZ 58, 292.
223) BGHZ 58, 292.
224) Zuletzt BFH, Urt. v. 9. 3. 1995 – V R 102/89, ZIP 1995, 1429; vgl. *Stadie*, in: Prütting (Hrsg.), Insolvenzrecht 1996, S. 293, 294; *Frotscher*, S. 250; *Onusseit/Kunz*, Rz. 315, 342 ff; *Probst*, BB 1991, 1390, 1391; *Hess/Boochs/Weis*, Rz. 735 ff.

V. Rechnungslegung gegenüber der Finanzverwaltung

409 Von der „Freigabe zur Verwertung" durch den Konkursverwalter ist die „Freigabe an den Gemeinschuldner" zu unterscheiden. Die Freigabe an den Gemeinschuldner bedeutet die Aufgabe der Massezugehörigkeit auf Dauer und die Rücküberlassung an den Gemeinschuldner zur freien Verfügung, so daß die Sache konkursfrei wird. Sie muß den endgültigen Verzicht des Konkursverwalters auf den betreffenden Gegenstand zum Inhalt haben. Dies setzt voraus, daß der Konkursverwalter auch den wirtschaftlichen Wert aus den Händen gibt.[225]

410 Eine Freigabe an den Gemeinschuldner zu dessen freier Verfügung liegt somit nicht mehr vor, wenn der Konkursmasse der wirtschaftliche Wert des Gegenstandes erhalten bleibt.[226] Man spricht dann nicht von einer echten Freigabe wie bei einer Aufgabe des wirtschaftlichen Wertes, sondern von einer „modifizierten Freigabe".[227] Eine solche modifizierte Freigabe liegt regelmäßig dann vor, wenn der Verwertungserlös der Konkursmasse zugute kommen soll.

411 Hat der Konkursverwalter das Sicherungsgut an den Gemeinschuldner freigegeben, ohne daß es sich hierbei um eine modifizierte Freigabe handelt, so stellt diese Lösung aus dem Konkursbeschlag zugunsten des Gemeinschuldners noch keine Lieferung i. S. d. § 1 Abs. 1 Nr. 1 Satz 1 UStG in Verbindung mit § 3 Abs. 1 UStG dar. Hierzu wird nämlich nicht ein Dritter befähigt, im eigenen Namen über die Gegenstände zu verfügen, da der Gemeinschuldner weiterhin hinsichtlich des die Konkursmasse bildenden Vermögens Rechtsträger geblieben ist.

412 Überläßt sodann der Gemeinschuldner das Sicherungsgut aufgrund eigenen Verfügungsrechts dem Sicherungsnehmer, so bewirkt er hierdurch eine Lieferung i. S. d. § 1 Abs. 1 Nr. 1 UStG. Die umsatzsteuerrechtlichen Folgen treffen jedoch dann nicht mehr den Konkursverwalter, sondern den Gemeinschuldner.[228]

413 Erfolgt die Freigabe an den Gemeinschuldner jedoch im Sinne einer modifizierten Freigabe, so hat der Konkursverwalter dem Gemeinschuldner nicht die Verfügungsmacht am Sicherungsgut verschafft, da der Gemeinschuldner nicht den Wert des Sicherungsguts erhalten sollte. In diesem Fall kann der Gemeinschuldner das Sicherungsgut an den Sicherungsnehmer nicht aufgrund eigener Verfügungsmacht i. S. d. § 3 Abs. 1 UStG, sondern nur kraft Verfügungsmacht des Konkursverwalters auf den Sicherungsnehmer übertragen. Die daraus resultierende Umsatzsteuer trifft somit nicht das konkursfreie, sondern das

---

225) BGH, Urt. v. 29. 5. 1961 - VII ZR 46/60, BGHZ 35, 180, 181.
226) BFH, Urt. v. 12. 5. 1993 - XI R 49/90, ZIP 1993, 1247, dazu EWiR 1993, 795 *(R. Braun)*; Kuhn/Uhlenbruck, KO, § 6 Rz. 35a.
227) *Wilke*, UR 1989, 367 ff.
228) *Wilke*, UR 1989, 367 ff.

10. Steuererklärungen für die Umsatzsteuer

konkursbefangene Vermögen des Gemeinschuldners und stellt Massekosten dar, da zum Zeitpunkt der Herausgabe des Sicherungsguts an den Sicherungsnehmer die volle Verfügungsmacht auf diesen übergegangen ist und zu diesem Zeitpunkt der Umsatzsteueranspruch i. S. v. § 3 Abs. 1 KO begründet ist.

Die vorstehend beschriebene Rechtslage hat zur Folge, daß, soweit nicht eine echte Freigabe an den Gemeinschuldner erfolgt, die Umsatzsteuer vom Konkursverwalter zu tragen ist, ohne daß die Zahllast auf den Sicherungsnehmer verlagert werden kann. **414**

In § 18 Abs. 8 Satz 1 Nr. 2 UStG 1993 i. V. m. § 51 Abs. 1 Satz 1 Nr. 2 UStDV ist außerhalb des Konkursverwalters inzwischen vorgesehen, daß der Sicherungsnehmer im Wege des Umsatzsteuerabzugsverfahrens die Umsatzsteuer einzubehalten und abzuführen hat. Dem steht insoweit allerdings eine Rückgriffsmöglichkeit auf den Sicherungsgeber zu.[229] Dieses Abzugsverfahren ist aber nur außerhalb des Konkursverfahrens anzuwenden, d. h. für die Sequestration, den Vergleich, das Gesamtvollstreckungs- und das künftige Insolvenzverfahren.[230] Dies bedeutet, daß der Sicherungsnehmer die Umsatzsteuer aus der Lieferung des Sicherungsgebers von dem als Gegenleistung fingierten Erlös einzubehalten und an das für ihn zuständige Finanzamt nach § 51 Abs. 1 UStDV 1993 abzuführen hat. **415**

Verwertet z. B. ein Vergleichsschuldner ein Sicherungsgut nach Eröffnung des Vergleichsverfahrens, so ist die daraus resultierende Umsatzsteuer in voller Höhe vom Schuldner nach § 51 Abs. 1 Satz 1 Nr. 2 UStDV zu entrichten. Der Sicherungsnehmer hat nach § 55 UStDV lediglich als Haftender für die Steuer einzustehen. Zudem geht gemäß § 426 Abs. 2 BGB die Steuerforderung auf den Sicherungsnehmer über. Da diese bei der Verwertung nach Eröffnung des Vergleichsverfahrens nicht zu den Vergleichsforderungen gehört, ist der Sicherungsnehmer folglich hinsichtlich der übergangenen Steuerforderungen voll zu befriedigen. Der Unterschied zur bisherigen Rechtslage liegt nur darin, daß nunmehr der Steuergläubiger das Finanzamt oder der Sicherungsnehmer sein kann. Für den Fall der Nichtabführung der Steuer durch den Sicherungsnehmer steht es im Ermessen des Finanzamtes, ob es den Sicherungsnehmer oder Sicherungsgeber in Anspruch nimmt.[231] **416**

Diese Möglichkeit des Gesamtschuldnerausgleichs für den Sicherungsnehmer besteht auch in der Sequestration[232] und im Verfahren nach der Gesamtvollstreckungsordnung. **417**

---

229) Vgl. *Urban*, UR 1993, 401 ff.
230) *Onusseit/Kunz*, Rz. 359 ff.
231) Vgl. *Onusseit/Kunz*, Rz. 365 f.
232) *Urban*, UR 1993, 401 ff.

V. Rechnungslegung gegenüber der Finanzverwaltung

418 Die zum 1. Januar 1999 in Kraft tretende Insolvenzordnung sieht in § 170 InsO eine vergleichbare Abzugsregelung vor. Nach § 170 Abs. 1 InsO sind bei der Verwertung von beweglichen Absonderungsgegenständen durch den Insolvenzverwalter zunächst die Kosten der Feststellung und der Verwertung des Gegenstandes dem Erlös zugunsten der Insolvenzmasse zu entnehmen. Nach § 170 Abs. 2 InsO sind bei einer Verwertung durch den Sicherungsnehmer die entsprechenden Kosten einschließlich des Umsatzsteuerfreibetrages aus dem Erlös vorweg an die Insolvenzmasse abzuführen. Der Insolvenzverwalter hat damit das Recht, die von ihm abzuführende Umsatzsteuer aus dem Verwertungserlös zu entnehmen. Diese Regelung soll sicherstellen, daß bei der Verwertung von Sicherungsgut keine Auszehrung der Masse bewirkt wird. Die Kreditgeber werden aber künftig darauf achten, bei den gestellten Sicherheiten ein höheres Nettovolumen zu vereinbaren.[233]

d) Umsatzsteuer bei der Herausgabe an den Aussonderungsberechtigten

419 Die Herausgabe von Gegenständen an einen Aussonderungsberechtigten stellt keine Lieferung i. S. d. § 1 Abs. 1 UStG dar und unterliegt deshalb nicht der Umsatzsteuer. Dies gilt sowohl für die Rückgabe von Gegenständen, die unter (einfachem) Eigentumsvorbehalt erworben, als auch für Gegenstände, die dem Gemeinschuldner sicherungsübereignet worden sind.[234]

420 Der Vorsteuerberichtigungsanspruch ist dem Zeitraum vor Konkurseröffnung zuzuordnen, da die Besteuerung eines vor Konkurseröffnung abgeschlossenen Rechtsgeschäftes korrigiert wird, wobei die Korrektur lediglich formalrechtlich später erfolgt. Der Korrekturanspruch ist daher bereits früher begründet i. S. d. § 3 KO/§ 38 InsO.[235]

421 Bei verlängertem Eigentumsvorbehalt sind im Regelfall zwei Varianten denkbar. Es kann entgegen § 950 BGB im Fall der Verarbeitung das Eigentum an der hergestellten Ware vorbehalten werden (Verarbeitungsklausel). Es kann statt dessen auch im Fall der Weiterveräußerung die Kaufpreisforderung gegen den Abnehmer im voraus abgetreten werden (Vorausabtretungsklausel).

422 Im Fall der Vereinbarung einer Verarbeitungsklausel ist die spätere Rückgabe der hergestellten Ware in Höhe des Wertes der gelieferten Ware wie die Rückgabe von einfacher Vorbehaltsware nicht steuerpflichtig. Insoweit ist lediglich die Vorsteuer zu korrigieren. Der Wert der Verarbeitung (Arbeitslohn plus

---

233) *Kramer*, S. 304.
234) *Hess/Boochs/Weis*, Rz. 700.
235) Vgl. *Beermann*, in: Hübschmann/Hepp/Spitaler, AO, § 251 Rz. 173; *Hess/Boochs/Weis*, Rz. 699.

11. Lohnsteuer

Wert der vom Gemeinschuldner beschafften Zutaten und sonstigen Nebensachen) ist hingegen umsatzsteuerpflichtig.

Bei der Vereinbarung einer Vorausabtretungsklausel führt die Abtretung nur **423** zu einer Sicherungsabtretung der künftigen Forderung, die dem Berechtigten im Konkurs lediglich ein Absonderungsrecht vermittelt.[236]

Im Fall der Herausgabe von Gegenständen, an denen Aussonderungsrechte bestehen, gelten in umsatzsteuerlicher Hinsicht auch im Gesamtvollstreckungsverfahren und im Verfahren nach der Insolvenzordnung keine Besonderheiten. **424**

e) **Umsatzsteuer in massearmen Verfahren**

In Verfahren, in denen sich herausstellt, daß die Konkursmasse zur vollständigen Befriedigung aller Massegläubiger nicht ausreicht, sind die Massekosten und Masseschulden in der Rangordnung des § 60 KO, § 13 GesO oder 209 InsO zu befriedigen. Wurde in solchen Fällen die Umsatzsteuer nicht abgeführt, so ist sie als Massekosten mit dem Rang von § 58 Nr. 2 KO, § 13 Abs. 1 Nr. 1 GesO oder § 209 Abs. 1 Nr. 2 InsO zu erfüllen.[237] Für den Vorsteuerabzug gelten auch hier die allgemeinen Grundsätze. Er ist daher geltend zu machen, sobald die Vorsteuerabzugsberechtigung entstanden ist. **425**

f) **Vorsteuerabzug aus Rechnungen für eigene Leistungen des Konkursverwalters**

Der Konkursverwalter ist Unternehmer im Sinne des Umsatzsteuergesetzes. Stellt er Leistungen in Rechnung, so sind diese umsatzsteuerpflichtig. Unter den Voraussetzungen des § 15 Abs. 1 Nr. 1 UStG kann der Gemeinschuldner, die für die Vergütung des Konkursverwalters in Rechnung gestellte, Umsatzsteuer als Vorsteuer geltend machen, da der Konkursverwalter als „Geschäftsführer" eine sonstige Leistung zu Gunsten der Masse erbringt und damit für das Unternehmen des Gemeinschuldners tätig ist.[238] Diese Grundsätze gelten für das Gesamtvollstreckungsverfahren ebenso wie für das Verfahren nach der Insolvenzordnung. **426**

11. **Lohnsteuer**

Hat der Gemeinschuldner im Konkursverfahren für die Zeit vor Konkurseröffnung als Arbeitgeber die Löhne gezahlt, jedoch die Lohnsteuer weder einbehalten noch abgeführt, so ist streitig, wie die Lohnsteuer konkursrechtlich zu **427**

---

236) Vgl. *Geist*, Rz. 126.
237) Vgl. *Kuhn/Uhlenbruck*, KO, § 58 Rz. 10b.
238) BFH, Urt. v. 4. 3. 1986 - VII 38/81, BStBl 1986 II, 578.

V. Rechnungslegung gegenüber der Finanzverwaltung

qualifizieren ist. Nach zutreffender Ansicht zählt sie im Konkursverfahren zu den bevorrechtigten Konkursforderungen nach § 61 Abs. 1 Nr. 2 KO, da es sich um einen Haftungsanspruch des Gemeinschuldners nach § 42d EStG, § 38 AO handelt, der nicht mit dem Lohnanspruch des Arbeitnehmers gegen seinen Arbeitgeber gleichgesetzt werden kann.[239]

428 Nach der gegenteiligen Meinung[240] ist die rückständige Lohnsteuer im Konkursverfahren für die letzten sechs Monate vor Konkurseröffnung den Masseschulden nach § 59 Abs. 1 Nr. 3 Buchst. a KO, im übrigen den bevorrechtigten Konkursforderungen nach § 61 Abs. 1 Nr. 1 Buchst. a KO zuzuordnen. Dieser Auffassung kann nicht gefolgt werden. Sie berücksichtigt lediglich die zivilrechtliche Qualifikation der Lohnsteuer als Arbeitsentgelt, nicht jedoch die öffentlich-rechtliche Lohnsteuerabführungspflicht nach § 42d EStG, § 38 AO.

429 Liegt für die rückständige Lohnsteuer - wie im Regelfall - ein Haftungsbescheid noch nicht vor, so ist die Haftungsschuld zwar nach § 38 AO entstanden, jedoch noch nicht fällig. Sie ist daher nach § 65 KO betagt und nur mit einem abgezinsten Betrag anzusetzen, sofern hierauf in der Praxis nicht aus Vereinfachungsgründen verzichtet wird.[241]

430 Bestehen Lohnrückstände aus der Zeit vor Konkurseröffnung, die der Konkursverwalter nach Konkurseröffnung erfüllt, entsteht die Haftungsschuld nach § 38 AO erst mit der Lohnzahlung mit der Folge, daß die Forderung des Fiskus nach Konkurseröffnung begründet wird. Der Haftungsanspruch gegen den Konkursverwalter ist demnach Masseschuld nach § 59 Abs. 1 Nr. 1 KO.[242]

431 Wird für Lohn- und Gehaltsansprüche für die letzten drei Monate des Arbeitsverhältnisses Konkursausfallgeld (Kaug) gezahlt, so geht nach § 141m AFG mit Stellung des Antrags auf Zahlung von Konkursausfallgeld der Anspruch auf das Netto-Arbeitsentgelt auf die Bundesanstalt für Arbeit über.[243]

432 Die Leistungen, die dem Arbeitnehmer gewährt werden, sind lohnsteuerfrei, und zwar selbst dann, wenn sie später vom Konkursverwalter an das Arbeitsamt erstattet werden (§ 3 Nr. 2 EStG).

433 Werden Löhne für Tätigkeiten nach Konkurseröffnung ausgezahlt, so zählt der Haftungsanspruch des Konkursverwalters ebenfalls zu den Masseschulden nach § 59 Abs. 1 Nr. 1 KO.[244]

---

239) Vgl. *Kuhn/Uhlenbruck*, KO, § 58 Rz. 10b; *Hess/Boochs/Weis*, Rz. 611.
240) *Heilmann*, NJW 1982, 420, 422.
241) *Hess/Boochs/Weis*, Rz. 611.
242) Vgl. *Kuhn/Uhlenbruck*, KO, § 59 Rz. 124; *Frotscher*, S. 188; *Hess/Boochs/Weis*, Rz. 612.
243) *Hess/Boochs/Weis*, Rz. 617.
244) Vgl. *Frotscher*, S. 188 ff.

Für Lohnsteuer, die der Arbeitgeber selbst schuldet (im Fall der Pauschalie- 434
rung, §§ 40 Abs. 3, 40a Abs. 5, 40b Abs. 7 EStG), gelten andere Grundsätze.
Wurde die Tätigkeit, für die Lohnsteuer pauschaliert wird, vor Konkurseröffnung erbracht, ist die Lohnsteuer vor Konkurseröffnung begründet und damit
Konkursforderung. Die Steuerforderung hat den Rang nach § 61 Nr. 2 KO, da
sie unabhängig von der Lohnforderung zu sehen ist. Entfällt die pauschalierte
Lohnsteuer auf Tätigkeiten nach Konkurseröffnung, handelt es sich um Massekosten nach § 58 Nr. 2 KO.[245]

Zahlt der Sequester Löhne aus, hat er die Lohnsteuer einzubehalten und abzu- 435
führen.[246] Dies gilt unabhängig davon, ob es sich um Löhne für die Zeit der
Sequstration oder um Löhne eines davorliegenden Zeitraumes handelt. Dabei
gelten die auch für den Konkursverwalter beschriebenen Grundsätze (oben
Rz. 427 ff).[247] Die lohnsteuerrechtliche Pflicht des Sequesters kann unter Umständen dazu führen, daß die Geschäftsführerhaftung für nicht abgeführte
Lohnsteuer ausscheidet.[248]

Für Lohnsteuerforderungen in der Gesamtvollstreckung gelten die gleichen 436
Grundsätze. Nach § 17 Abs. 3 Nr. 3 GesO sind die Lohnsteuerforderungen bevorrechtigt, die im letzten Jahr vor der Eröffnung des Gesamtvollstreckungs-
verfahrens fällig geworden sind. Nach § 13 Abs. 1 Nr. 3 GesO werden unter
Berücksichtigung einer zeitlichen Beschränkung von sechs Monaten vor Eröffnung des Verfahrens die Ansprüche aus dem Arbeitsverhältnis - auch der
Lohnsteueransprüche - als Masseanspruch erfaßt, soweit nicht das Konkursausfallgeld greift.[249]

Nach der Insolvenzordnung sind die Vorrechte des § 61 KO weitestgehend 437
abgebaut. Daraus ergeben sich jedoch keine Änderungen hinsichtlich der
Pflichten des Insolvenzverwalters zur Abführung von Lohnsteuer. Er ist im
gleichen Maße, jedoch ohne Vorrechte des Fiskus, zur Abführung von Lohnsteuer verpflichtet, die nach § 55 Abs. 1 InsO zu den Massevorbildlichkeiten
zählt.

12. Sonstige Steuerarten

Gehören zur Konkursmasse land- oder forstwirtschaftliche Grundstücke, Be- 438
triebsgrundstücke oder Grundstücke i. S. d. § 68 BewG, so sind die Grund-
steuern für die Zeit nach Konkurseröffnung Massekosten nach § 58 Abs. 2

---

245) *Kuhn/Uhlenbruck*, KO, § 59 Rz. 124; *Frotscher*, S. 190; ebenso *Hess/Boochs/Weis*,
    Rz. 66.
246) *R. Braun*, S. 104.
247) *Frotscher*, S. 193.
248) Vgl. BFH, Urt. v. 17. 11. 1992 - VII R 13/92, DStR 1993, 761.
249) Vgl. *Haarmeyer/Wutzke/Förster*, GesO, § 13 Rz. 26 ff.

V. Rechnungslegung gegenüber der Finanzverwaltung

KO, § 13 Abs. 1 GesO oder § 55 Abs 1 InsO und die vor Konkurseröffnung angefallenen Steuern Konkursforderungen.[250] Unterliegt ein Erwerbsvorgang, der vor der Konkurseröffnung verwirklicht worden ist, der Grunderwerbsteuer, so ist diese Steuerschuld als Konkursforderung zu werten, da sie vor Konkurseröffnung begründet war. Entscheidet sich der Konkursverwalter nach § 17 KO oder § 103 InsO für die Erfüllung eines vom Gemeinschuldners im letzten Jahr vor Konkurseröffnung abgeschlossenen Grundstückskauf- oder -verkaufsvertrages, so ist auch diese Steuerschuld eine Konkursforderung, da der Grund für die Forderung vor der Konkurseröffnung liegt.[251]

439 Gehört ein Kraftfahrzeug zur Konkursmasse, bleibt der Gemeinschuldner für die Zeit nach Konkurseröffnung Fahrzeughalter. Die vor Konkurseröffnung fällig gewordene Kraftfahrzeugsteuer ist Konkursforderung und zur Konkurstabelle anzumelden. Die nach der Konkurseröffnung entstehende Kraftfahrzeugsteuer gehört zu den Massekosten nach § 58 Nr. 2 KO und ist vom Konkursverwalter aus der Konkursmasse zu entrichten.[252]

---

250) *Hess/Boochs/Weis*, Rz. 786.
251) *Boruttau/Egly/Sigloch*, GrEStG, Vorbem. vor § 1 Rz. 935.
252) *Bringewat/Waza*, Rz. 512.

VI. Erstellung und Fortschreibung der internen Rechnungslegung

1. Interne Rechnungslegung nach der Konkursordnung

a) Merkmale der Konkursbilanz

aa) Zwecke der Konkursbilanz

Um Kriterien für den Inhalt und die Gestaltung der Konkursbilanz zu erhalten, ist es erforderlich, den Bilanzzweck zum Ausgangspunkt der Überlegungen zu machen.[253] Die Konkursbilanz verfolgt den Zweck, zu informieren und dem Informationsadressaten dadurch Wissen als Grundlage für bestimmte Entscheidungen zu vermitteln.[254] 440

Auf diese Weise sollen die Entscheidungen im Zusammenhang mit dem Konkursverfahren vorbereitet werden. Voraussetzung dafür ist, daß hinreichende Informationen über die Massezulänglichkeit (voraussichtliche Erlöse aus der Verwertung, Gesamtbetrag der Masseschulden nach § 59 Abs. 1 Nr. 1 und 2 KO und die geschätzten Gerichtskosten und Ausgaben für die Verwaltung, Verwertung und Verteilung der Konkursmasse gemäß § 58 Nr. 1 und 2 KO) gegeben werden. 441

Die Konkurseröffnungsbilanz - wie auch weitere Konkurszwischenbilanzen - müssen Entscheidungen ermöglichen über die Verwaltung sowie über die Verwertung und Verteilung der Konkursmasse, z. B. ob eine Betriebsfortführung oder eine sonstige Sanierung sinnvoll ist oder nicht, ob **Abschlagsverteilungen** möglich sind etc.[255] 442

Von der Konkursbilanz werden sowohl als Eröffnungs- wie auch als Zwischen- und Schlußbilanz Informationen erwartet, die zur Kontrolle des Konkursverwalters geeignet sind oder es dem Konkursverwalter ermöglichen, Rechenschaft abzulegen. 443

Die Konkursbilanz muß in ihrer jeweiligen Gestaltung auch Informationen darüber geben, welche Konkursquote zu erwarten ist. Aufgrund dieser Informationen kann der jeweilige Gläubiger entscheiden, ob er mit seiner Forderung an dem Konkurs teilnimmt, ob er das Risiko für die Kosten einer Klage auf Feststellung der Konkursforderung übernimmt, ob Massekostenvorschüsse geleistet werden, wie die Forderungen in den von den Gläubigern zu erstellenden Bilanzen bewertet werden etc. 444

---

253) Vgl. dazu im einzelnen *Plate*, S. 23 ff.
254) *Plate*, S. 60 f; *Kuhn/Uhlenbruck*, KO, § 59 Rz. 124; *Förschle/Grimm*, in: Budde/Förschle,. Rz. L. 1 ff; kritisch *Karsten Schmidt*, S. 28 ff.
255) *Kuhn/Uhlenbruck*, KO, § 59 Rz. 124; *Kilger/Karsten Schmidt*, KO, § 124 Anm. 2 a.

VI. Erstellung und Fortschreibung der internen Rechnungslegung

445 Schließlich soll die Konkursbilanz auch Informationen über die nachkonkursliche Belastung des Gemeinschuldners geben, indem sie Informationen darüber vermittelt, welche Gläubigeransprüche nicht durch die Konkursmasse gedeckt sind.

bb) Unterschiede zu anderen Rechnungsausweisen

446 Bei der Erstellung von Konkursbilanzen müssen die Unterschiede zu anderen Rechnungsausweisen außerhalb und innerhalb des Konkursverfahrens bekannt sein.[256] Aufgabe aller **kaufmännischen Bilanzen** ist es, im Rahmen der vorgegebenen Bewertungsvorschriften das Verhältnis von Vermögen und Schulden darzustellen oder bei Kapitalgesellschaften unter Beachtung der Grundsätze ordnungsmäßiger Buchführung ein den tatsächlichen Verhältnissen entsprechendes Bild der Vermögens-, Finanz- und Ertragslage zu vermitteln (§ 242 Abs. 1, § 264 Abs. 2 HGB). Ziel ist damit die Erfolgsermittlung während des vergangenen Jahres. Entsprechendes gilt auch für die **Liquidationsbilanzen für Kapitalgesellschaften** (§ 71 Abs. 1 - 3 GmbHG, § 270 AktG) und der Personenhandelsgesellschaften (§§ 154, 161 HGB).

447 Demgegenüber ist die Konkursbilanz eine reine Vermögensverteilungsrechnung, die im wesentlichen prognostiziert dargestellt wird. Die Bilanzierungs- und Bewertungsgrundsätze in den Konkursbilanzen weichen daher entscheidend von denen in kaufmännischen Bilanzen ab.[257]

448 Die **Überschuldungsbilanz**, die zum Nachweis des Konkursgrundes der Überschuldung aufgestellt wird, unterscheidet sich von der Konkursbilanz im wesentlichen dadurch, daß in ihr weder die Fremdrechte noch die konkursspezifischen Kosten aufgenommen werden.[258] Während die Konkurseröffnungsbilanz einen Überblick über die Befriedigungsmöglichkeit in einem eröffneten Konkursverfahren bietet, also nicht die Konkursreife, sondern deren Konsequenzen festsellt, ist Zweck der Überschuldungsbilanz die Feststellung, ob die Verbindlichkeiten der Gesellschaft bedient werden können.[259]

449 Hinsichtlich der Bewertung in der Überschuldungsbilanz existieren unterschiedliche Auffassungen:
- Reproduktionswerte unter der Annahme der Unternehmensfortführung,[260]

---

256) Vgl. zum folgenden: *Plate*, S. 42 ff.
257) *Kilger/Karsten Schmidt*, KO, § 124 Anm. 2a.
258) *Fischer*, S. 47.
259) *Balmes*, BiBu 1996, 97, 98.
260) *Hefermehl*, in: Geßler/Hefermehl, AktG, § 92 Rz. 17.

1. Interne Rechnungslegung nach der Konkursordnung

- Realisationswerte unter der Annahme der Auflösung des Unternehmens,[261)]
- Ansatz von Reproduktionswerten oder Realisationswerten, je nachdem, ob Unternehmensfortführung oder Unternehmensauflösung angenommen werden kann.[262)]

Berührungspunkte bei den Bilanzwerten von Konkurs- und Überschuldungsbilanzen ergeben sich nur, wenn die Überschuldungsbilanz auf Veräußerungswerten basiert. 450

Die **Vergleichsbilanz** unterscheidet sich von der Konkursbilanz je nach Art des angestrebten Vergleichs. Bezweckt der Vergleich die Rettung des Unternehmens, so kann das Vermögen unter der Annahme der Unternehmensfortführung bewertet und das Privatvermögen sowie die Kosten einer Abwicklung können außer Ansatz gelassen werden. Bei einem Liquidationsvergleich nach § 7 Abs. 4 VglO besteht indessen im wesentlichen Übereinstimmung zwischen Konkurs- und Vergleichsbilanz.[263)] 451

Die **Übersicht über die Vermögensmasse nach § 104 KO** enthält keine Angaben über die Massekosten und Masseschulden.[264)] Darüber hinaus sind an Form und Inhalt keine besonderen Anforderungen gestellt, so daß auch insoweit nicht unerhebliche Abweichungen eintreten können. 452

Die **Aufzeichnung der Massegegenstände nach § 123 KO** sowie das **Inventar nach § 124 KO** unterscheiden sich von der Konkursbilanz darin, daß in der Konkursbilanz Angaben zu den Mengen nicht enthalten sind und darüber hinaus Zusammenfassungen vorgenommen wurden. 453

Das **Verteilungsverzeichnis** nach § 151 KO[265)] und das Schlußverzeichnis nach § 162 Abs. 1 KO[266)] enthalten keine Bilanzen, sondern nur ein Verzeichnis der bei der Ausschüttung beteiligten Gläubiger, die Summe der bei der Verteilung zu berücksichtigenden Forderungen und den verteilungsfähigen Massebestand. 454

Die **Schlußrechnung nach § 86 KO** umfaßt - im Gegensatz zur Konkursbilanz - im wesentlichen eine Einnahmen- und Ausgabenrechnung sowie einen 455

---

261) *Dahl*, GmbHR 1964, 112 ff.
262) Vgl. WP-Handbuch 1992, Band I, S. 1445 ff; vgl. zu den Einzelheiten *Scholz/Karsten Schmidt*, GmbHG, 7. Aufl., § 63 Rz. 13 ff; *Lutter/Hommelhoff*, GmbHG, § 63 Rz. 7; *Balmes*, BiBu 1996, 97, mit ausführlicher Darstellung der Einzelposten und Bewertungs-/Gliederungsgrundsätze dieser Bilanz.
263) *Fischer*, S. 47; *Förschle/Grimm*, in: Budde/Förschle, Rz. L 100 ff.
264) Vgl. zu den Anforderungen an diese Übersicht *Kuhn/Uhlenbruck*, KO, § 104 Rz. 2.
265) *Kuhn/Uhlenbruck*, KO, § 151 Rz. 1.
266) *Kuhn/Uhlenbruck*, KO, § 162 Rz. 3.

Überblick über den Verfahrensverlauf.[267] Sie ist ein Tätigkeitsbericht des Konkursverwalters und kein Rechenschaftsbericht.[268] Daher ist es empfehlenswert, ihr eine Konkursschlußbilanz beizufügen, um anhand einer Gegenüberstellung von Konkurseröffnungs- und Konkursschlußbilanz die Maßnahmen im Zusammenhang mit der Verwaltung, Verwertung und Verteilung zu erläutern.

b) Allgemeine Grundsätze für die Aufstellung von Konkursbilanzen

456 Wie bei der Erstellung von kaufmännischen Bilanzen sind auch bei der Erstellung von Konkursbilanzen aus den Zwecken der Rechnungslegung allgemeine Grundsätze ordnungsmäßiger Buchführung und Bilanzierung abzuleiten.[269]

aa) Grundsatz der Richtigkeit und Willkürfreiheit

457 Für Konkursbilanzen gilt - wie auch für kaufmännische Bilanzen - der Grundsatz der Richtigkeit und Willkürfreiheit.[270] Nur bei Ansatz richtiger und willkürfrei bewerteter Bilanzwerte kann aus der Bilanz das künftige Konkursergebnis abgeleitet werden. Da bei der Bewertung allerdings Schätzungen auf der Grundlage von Prognosen erforderlich sind, ist der Grundsatz der Richtigkeit und Willkürfreiheit im Sinne eines Grundsatzes sorgfältiger Prognose zu verstehen.

bb) Grundsatz der Vollständigkeit

458 Die mit der Konkursbilanz verfolgten Zwecke erfordern, daß bei den Aktiva alle zur Konkursmasse gehörenden Vermögensgegenstände unter Angabe der auf ihnen lastenden Fremdrechte aufgenommen werden und daß bei den Passiva sämtliche Masseschulden, Massekosten, bevorrechtigte Verbindlichkeiten und sonstige Konkursforderungen ausgewiesen werden.[271]

459 Da die Informationsadressaten schon aus Kostengründen, aber auch wegen der zukunftsbezogenen Sachverhaltsermittlung ein geringeres Interesse an der Genauigkeit der Informationen haben als die Adressaten von kaufmännischen Bilanzen, ist der Grundsatz der Vollständigkeit zu ergänzen durch den Grundsatz der Wesentlichkeit. Er erfordert, bei der Erstellung der Konkursbilanz den Bewertungsaufwand entsprechend der Bedeutung des jeweiligen Sachverhalts

---

267) *Karsten Schmidt*, S. 77 f.
268) *Kuhn/Uhlenbruck*, KO, § 86 Rz. 6a.
269) Vgl. zum folgenden: *Plate*, S. 71 ff.
270) *Kuhn/Uhlenbruck*, KO, § 124 Rz. 2.
271) *Förschle/Grimm*, in: Budde/Förschle, Rz. L 19.

zu differenzieren, um so zur Wirtschaftlichkeit der Rechnungslegung beitragen zu können. Der Grundsatz der Wesentlichkeit gewinnt seine besondere Bedeutung darüber hinaus durch das Interesse der Informationsadressaten an einer zeitnahen Information. Die vollständige Information ist daher bereits dann gewährleistet, wenn alle wesentlichen Sachverhalte wiedergegeben werden und der Bewertungsaufwand dabei der zur Verfügung stehenden Zeit Rechnung trägt.

cc) Grundsatz der Klarheit

Für Konkursbilanzen gilt - wie auch für kaufmännische Bilanzen - der Grundsatz der klaren und übersichtlichen Bilanzgestaltung.[272] Er erfordert, daß bereits die äußere Gestaltung der Bilanz einen schnellen und sicheren Zugriff zu den Bilanzinformationen gewährleistet. Für die Gestaltung gelten folgende Richtlinien: **460**

- Es sind so viele Bilanzpositionen einzustellen, wie es die artmäßige Verschiedenheit der Vermögens- und Schuldenteile erfordert.
- Die Bilanzposten sind eindeutig und treffend zu benennen.
- Unter einem Bilanzposten dürfen nur wesensgleiche Massegegenstände und Verbindlichkeiten ausgewiesen werden.
- Die Bilanzposten sind nach zweckmäßigen Kriterien untereinander oder nebeneinander zu ordnen.
- Es gilt das Saldierungsverbot.
- Die Fremdrechte müssen getrennt ausgewiesen werden.
- Zusätzliche Bilanzerläuterungen sind nur insoweit aufzunehmen, als dadurch die Klarheit der Informationsdarbietung nicht beeinträchtigt wird.

dd) Grundsatz der neutralen Wertermittlung

Der für kaufmännische Bilanzen geltende Grundsatz der Vorsicht gilt für Konkursbilanzen nicht. Die starre Ausrichtung auf nachteilige Wertgrößen hätte zur Folge, daß das geschätzte Verteilungsergebnis nicht den tatsächlichen Verhältnissen entspricht. Eine optimistische Beurteilung der Verfahrensaussichten ist allerdings ebensowenig möglich. Vermögens- und Schuldposten müssen vielmehr von einer neutralen Bezugsbasis aus bewertet werden, um dadurch möglichst zutreffende Wertvorstellungen zu vermitteln. **461**

---

272) *Kuhn/Uhlenbruck*, KO, § 124 Rz. 2.

ee) Grundsatz der Stetigkeit

462 Der für kaufmännische Bilanzen geltende Grundsatz der Stetigkeit, der die Beibehaltung gleicher Bilanzierungs- und Bewertungsmethoden verlangt und bei Insolvenzverfahren nur eingeschränkt angewendet wird (oben Rz. 149), gilt in entsprechender Weise für die Fortschreibung der Konkursbilanz, allerdings unter Berücksichtigung der mit der Konkursbilanz verfolgten Zwecke. Das formelle Gerüst der Bilanz ist im Fall der Bilanzfortschreibung beizubehalten. Im übrigen können bei einer kurzfristigen Änderung der Verhältnisse der Grundsatz der neutralen Wertermittlung sowie die Erfordernisse der Wesentlichkeit und der Zeitnähe Neubewertungen erforderlich machen, die im Gegensatz zu den ursprünglichen Schätzungen stehen und eine Einschränkung des Grundsatzes der Stetigkeit bedeuten.

ff) Grundsatz der Einzelbewertung

463 Auch bei der Konkursbilanz kann der Grundsatz der Einzelbewertung (§ 252 Abs. 1 Nr. 3 HGB) entsprechend angewendet werden. Zur Erreichung eines bestmöglichen Abwicklungsergebnisses kann jedoch auch eine Gruppenbewertung erforderlich sein.[273]

c) Gliederung der Konkursbilanz

464 Bei der Gliederung der Konkursbilanz ergibt sich das Problem der Zusammenfassung, der Zuordnung und der Anordnung der zu beurteilenden Sachverhalte, insbesondere im Hinblick auf die von der Konkursbilanz gewünschten Informationen.[274]

aa) Vertikalgliederung der Aktivseite

465 Für die Vertikalgliederung auf der Aktivseite empfiehlt sich eine Gliederung der Vermögensgegenstände nach ihrem Liquiditätsgrad, da die aufzunehmenden Vermögensgegenstände in Geld umgesetzt werden sollen. Dabei kann die aus den kaufmännischen Bilanzen gewohnte Gliederung, die sich bei Kapitalgesellschaften generell, im übrigen im Regelfall nach § 266 HGB richtet, beibehalten werden.[275] Es ist allerdings zu berücksichtigen, daß in der Konkursbilanz gegenüber den kaufmännischen Bilanzen der Posten Rechnungsabgrenzung entfällt, da es sich insoweit nicht um Vermögensposten handelt. Zu-

---

273) *Förschle/Grimm*, in: Budde/Förschle, Rz. L 19.
274) Vgl. im einzelnen *Plate*, S. 192 ff; *Veit*, S. 119 ff.
275) *Förschle/Grimm*, in: Budde/Förschle, Rz. L 62.

1. Interne Rechnungslegung nach der Konkursordnung

sätzliche Vermögenspositionen wie das Privatvermögen sind hingegen unter gesonderter Bezeichnung aufzunehmen.

Muster 5

Konkursbilanz (Vertikalgliederung Aktivseite)

	Buchwert DM	Konkurswert DM	Fremdrechte DM	freie Masse DM
A. **Ausstehende Einlagen**				
B. **Anlagevermögen**				
I. Immaterielle Vermögensgegenstände				
II. Sachanlagen				
III. Finanzanlagen				
C. **Umlaufvermögen**				
I. Vorräte				
II. Forderungen und sonstige Vermögensgegenstände				
III. Wertpapiere				
IV. Schecks, Kassenbestand, Bundesbank und Postgiro Guthaben bei Kreditinstituten				
D. **Überschuldung**				
I. Überschuldung der Masseansprüche				
II. Überschuldung der Vorrechtsforderungen				
III. Gesamtüberschuldung				

bb) Vertikalgliederung der Passivseite

Die Informationsbedürfnisse der Adressaten der Konkursbilanz erfordern eine **466** von der Gliederung in kaufmännischen Bilanzen abweichende Gliederung der Passivseite. So entfallen sämtliche Eigenkapitalpositionen, die Posten der Wertberichtigung und die Rechnungsabgrenzungsposten. Außerdem ist die Trennung zwischen Rückstellungen und Verbindlichkeiten nicht mehr sinnvoll, da die Belastung der Konkursmasse bei beiden Passivpositionen in gleicher Weise zum Ausdruck kommt und die bei Rückstellungen übliche Ungewißheit keine wesentliche zusätzliche Information bietet.

VI. Erstellung und Fortschreibung der internen Rechnungslegung

Muster 6

Konkursbilanz (Vertikalgliederung Passivseite)

	Buchwert DM	Konkurswert DM	Fremdrechte DM	Masseforderung DM	Konkursforderung DM
A. Einfache Konkursforderungen					
I. Verbindlichkeiten mit einer Laufzeit von mehr als 5 Jahren					
1. Anleihen					
2. Bankverbindlichkeiten					
II. Andere Verbindlichkeiten					
1. Verbindlichkeiten aus Lieferungen und Leistungen					
2. Bankverbindlichkeiten					
3. Sonstige Verbindlichkeiten					
B. Vorrechtsforderungen					
I. Sozialplan					
II. § 61 Abs. 1 Nr. 1 KO Arbeitnehmerforderungen (bis ein Jahr vor Konkurs)					
III. § 61 Abs. 1 Nr. 2 KO Steuerforderungen					
IV. § 61 Abs. 1 Nr. 3 KO Beiträge					
C. Masseansprüche					
I. § 59 Abs. 1 Nr. 1, 2 KO					
II. § 58 Nr. 1, 2 KO					
III. § 59 Abs. 1 Nr. 3, 4 KO					
IV. § 58 Nr. 3 KO					

cc) **Horizontalgliederung**

467 Die Horizontalgliederung unterscheidet sich geringfügig für Konkurseröffnungs-, Konkurszwischen- und Konkursschlußbilanzen. Sämtliche Formen der Konkursbilanzen sollten als Mindestgliederung bei den Aktiva die Positionen Konkurswert, Fremdrechte, freie Masse und bei den Passiva die Positionen Konkurswert, Fremdrechte und Masse- oder Konkursforderung enthalten.

Außerdem sollten folgende Zusatzinformationen gegeben werden: **468**
- Konkurseröffnungsbilanz:
  Buchwert der einzelnen Positionen,
- Konkurszwischen- und Konkursschlußbilanz:
  Wert der Konkurseröffnungsbilanz und realisierter Wert.

d) Bewertung in der Konkursbilanz

Der Bewertung in der Konkursbilanz unterliegt das gesamte Vermögen des **469** Gemeinschuldners, soweit es ihm zum Zeitpunkt der Verfahrenseröffnung gehört und pfändbar ist (§ 1 KO) sowie die Ansprüche derjenigen Gläubiger, denen ein Recht zur Befriedigung aus der Konkursmasse zusteht. Dazu zählen auch Verbindlichkeiten aus Massekosten und Masseschulden, die erst im Laufe des Konkursverfahrens entstehen.

aa) Bewertung der Aktiva
(1) Wertermittlung

Für den Fall, daß das Gesamtunternehmen oder Teile des Unternehmens ge- **470** schlossen veräußert werden, ist das Unternehmen gesamt unter Ansatz des Ertragswerts zu bewerten. In der Konkursbilanz sind die Vermögensgegenstände im übrigen mit dem prognostizierten Preis, der bei der Verwertung erzielt werden kann, anzusetzen.[276]

Zur Ermittlung dieses Werts ist wie folgt vorzugehen: Der zu bewertende **471** Gegenstand ist zunächst hinsichtlich seiner Art (Fabrikat, Baujahr, Leistung, Platzbedarf etc.), seiner technischen Qualität (neuwertig, schrottwertig etc.), seiner wirtschaftlichen und rechtlichen Beschaffenheit (Anschaffungspreis, Leistungsfähigkeit, Nutzungskosten, rechtliche Nutzungsdauer etc.) und der vorhandenen Menge zu analysieren.[277]

Außerdem ist die Angebots- und Nachfragestruktur des Marktes, der für den **472** zu verwertenden Gegenstand in Frage kommt, zu analysieren. Dabei können - insbesondere im Bereich des Vorratsvermögens - die Konkursursachen (z. B. Absatzschwierigkeiten, konjunkturelle Erscheinungen, Maßnahmen der Konkurrenz etc.) Anhaltspunkte sein.

Für die Prognose des Preises, der bei der Verwertung erzielt werden kann, ist **473** es schließlich erforderlich, die Besonderheiten des Konkursverfahrens im Hinblick auf die Verwertung zu analysieren und bei der Wertermittlung zu berück-

---

276) *Kilger/Karsten Schmidt*, KO, § 124 Anm. 2 d.
277) Vgl. zum folgenden: *Plate*, S. 82 ff; *Veit*, S. 154 ff.

sichtigen. Durch das Konkursverfahren wird der Verwertungszeitraum festgelegt und damit eine Terminbindung herbeigeführt, die sich negativ auf den prognostizierten Preis auswirken kann. Außerdem hat die vorgesehene Verwertungsform Einfluß auf den prognostizierten Preis. So führt in der Regel ein freihändiger Verkauf zu einem höheren Veräußerungspreis als eine Versteigerung. Bestimmend für den Konkurswert eines Gutes ist auch, ob es einzeln oder zusammen mit einer mehr oder weniger großen Anzahl gleichartiger oder verschiedenartiger Gegenstände zur Veräußerung gelangt. Dabei kann sowohl die Einzelveräußerung als auch die Gruppenveräußerung im Einzelfall vorteilhaft sein oder sich nachteilig auswirken. In der Regel wird eine Bewertung zu Einzelveräußerungspreisen am zweckmäßigsten sein.[278] Schließlich müssen bei der Preisermittlung die jeweils sich ergebenden Verwertungskosten ermittelt werden, um zu einem zutreffenden Wert für die Konkursbilanz zu gelangen.

(2) Bewertungsprobleme einzelner Aktivposten

474 • **Immaterielle Anlagewerte:**

Bei immateriellen Anlagewerten ist zunächst zu ermitteln, ob diese verwertbar sind. Voraussetzung hierfür ist, daß das immaterielle Wirtschaftsgut losgelöst aus seiner bisherigen betrieblichen Bindung durch einen neuen Erwerber genutzt werden kann. Vergleichsmaßstäbe für die Wertermittlung lassen sich in der Regel nicht ermitteln. Zutreffende Wertansätze lassen sich nur bei bereits vorliegenden konkreten Angeboten oder aber aufgrund einer pauschalen Ermittlung des jeweiligen Ertragswerts durchführen.

475 • **Grundstücke, Gebäude:**

Bei Grundstücken und Gebäuden ist die Ermittlung von Vergleichspreisen leichter möglich als bei anderen Wirtschaftsgütern. So kann eine Wertermittlung nach §§ 76 ff BewG durchgeführt werden. Außerdem können bei den Bewertungsausschüssen, die auf der Ebene der Kreisverwaltungen gebildet werden, Vergleichswerte angefragt werden. Ohne ein konkretes Angebot wird allerdings auch bei der Bewertung von Grundstücken und Gebäuden auf die für die Wertermittlung erforderlichen Analysen des Gegenstandes, der Angebots- und Nachfragestruktur des Marktes sowie der Besonderheiten des Verfahrens nicht verzichtet werden können.

---

278) *Förschle/Grimm*, in: Budde/Förschle, Rz. L 54.

1. Interne Rechnungslegung nach der Konkursordnung

- **Technische Anlagen und Maschinen, Betriebs- und Geschäftsausstattung:**   476

Der Vergleichsmaßstab für technische Anlagen und Maschinen sowie für die Betriebs- und Geschäftsausstattung ergibt sich im wesentlichen aus den Anschaffungs- und Herstellungskosten. Das für die Wertermittlung vorgeschlagene Verfahren führt insoweit jedoch noch zu zusätzlichen Zu- oder Abschlägen. In Einzelfällen kann bei der Ermittlung von Vergleichspreisen auf Bewertungshilfen zurückgegriffen werden, z. B. bei Kraftfahrzeugen auf die sogenannte Schwacke-Liste.

- **Finanzanlagen:**   477

Für börsennotierte Finanzanlagen kann als Vergleichsmaßstab der Börsen- und Marktpreis angesetzt werden, wobei Zu- oder Abschläge aufgrund der Besonderheiten des Einzelfalles möglich sind. Falls die Finanzanlagen nicht notiert werden, ist ein Vergleichsmaßstab schwer festzustellen.[279] Der Wert läßt sich dann nur durch Schätzung des Ertragswertes ermitteln.

- **Vorräte:**   478

Vergleichsmaßstab kann auch hier ein eventuell vorhandener Börsen- und Marktpreis sein, der nach den Besonderheiten des Einzelfalls noch zu modifizieren ist. Im übrigen ist das vorgeschlagene Verfahren der Ermittlung des prognostizierten Werts bei der Veräußerung zugrunde zu legen. Dabei ist für Roh-, Hilfs- und Betriebsstoffe sowie für Fertigerzeugnisse und Waren die Nachfragestruktur leichter abzuschätzen als für halbfertige Erzeugnisse. Bei der Wertermittlung der Vorräte, insbesondere der halbfertigen Erzeugnisse, sollte jeweils die Frage entschieden werden, ob eine befristete Betriebsfortführung zu günstigeren Wertansätzen führt.

- **Geleistete Anzahlungen:**   479

Die Bewertung der geleisteten Anzahlungen ist davon abhängig, ob und wie der Konkursverwalter das ihm zustehende Wahlrecht nach § 17 KO (§ 9 GesO, § 103 InsO) ausübt. Wählt der Konkursverwalter die Erfüllung, ist die Höhe der Anzahlung ohne Bedeutung; sie wird in der Regel nur von dem Überschuß in Abzug gebracht, der aus der Verwertung der Gegenleistung verbleibt. Wählt der Konkursverwalter die Nichterfüllung, wird die Anzahlung wie eine Forderung bewertet, gegebenenfalls unter Abzug eventueller Schadensersatzansprüche der Gegenseite wegen Nichterfüllung.

---

279) *Förschle/Grimm*, in: Budde/Förschle, Rz. Rz. L 56.

480 • Forderungen, sonstige Aktiva:
Bei den Forderungen und den sonstigen Aktiva beschränkt sich die für die Wertermittlung erforderliche Analyse des Vermögensgegenstandes auf den Entstehungsgrund, die Durchsetzbarkeit, die Fälligkeit der Forderung sowie deren Sicherung oder die Bonität des Schuldners. Zusätzliche Ermittlungen sind im wesentlichen nur bei der Wertermittlung von Forderungen im Falle der Betriebsfortführung erforderlich. Sofern das Mengengerüst für die Wertermittlung der Forderungen und sonstigen Aktiva aus der bisherigen Buchhaltung des Unternehmens abgeleitet wird, ist zu berücksichtigen, daß verschiedene Vermögenswerte, die in einem Insolvenzverfahren realisiert werden können, im Rechnungswesen nicht enthalten sind, z. B. Geltendmachung von Haftungsansprüchen gegen beschränkt haftende Gesellschafter, Schadensersatzansprüche gegen Geschäftsführer, Rückgewähransprüche aus Anfechtungstatbeständen etc.

bb) Bewertung der Passiva
(1) Wertermittlung

481 Die Bewertung der Schuldposten geht von rechtlichen Tatbeständen aus. Dabei stehen im Vordergrund die Entstehung der Verbindlichkeit, die Fragen der Höhe und der konkursrechtlichen Durchsetzbarkeit sowie das Verhältnis der einzelnen Verbindlichkeiten zueinander.

482 Zusätzlich tritt das Problem der Prognose eines Wertansatzes im Bereich der Masseschulden und Massekosten auf. Ihr Ansatz und ihre Bewertung richten sich nach individuellen Verfahrensgegebenheiten und können nur bei entsprechend detaillierter Planung des Verfahrensablaufes prognostiziert werden.[280]

(2) Bewertungsprobleme einzelner Passivposten

483 Außer den in der Handelsbilanz zu bilanzierenden Verbindlichkeiten sind in der Konkursbilanz u. a. Schadensersatzansprüche zu bilanzieren, die bei Nichterfüllung in den Fällen der §§ 17, 18, 19, 22 KO entstehen.

484 Verbindlichkeiten gegenüber Gesellschaftern können reduziert werden, sofern sie den Charakter von kapitalersetzenden Gesellschafterdarlehen haben. Die Voraussetzungen, die an solche kapitalersetzenden Gesellschafterdarlehen gestellt werden, ergeben sich aus §§ 32a ff GmbHG. Danach wird ein Darlehen dann als kapitalersetzend angesehen, wenn es von einem Gesellschafter herrührt und der Gesellschaft in einem Zeitpunkt gewährt wurde, in dem ihr die Gesellschafter als ordentliche Kaufleute Eigenkapital hätten zuführen müssen.

---

[280] Vgl. zum folgenden: *Plate*, S. 137 ff; *Veit*, S. 154 ff.

1. Interne Rechnungslegung nach der Konkursordnung

Außerdem ist zu berücksichtigen, daß ein durch einen Gesellschafter gesichertes kapitalersetzendes Drittdarlehen im Konkursverfahren der Gesellschaft nur in der Höhe geltend gemacht werden kann, in der die Gläubiger bei der Inanspruchnahme der Sicherheit ausgefallen sind.

- **Bevorrechtigte Forderungen, Konkursforderungen:**

Für den Ansatz und die Bewertung von bevorrechtigten Forderungen und Konkursforderungen ist es von Bedeutung, daß der Anspruch zum Zeitpunkt der Konkurseröffnung begründet i. S. d. § 3 KO war, daß der Anspruch auf Geld gerichtet ist oder sich gemäß § 69 KO in einen Geldanspruch umwandeln läßt und daß der Anspruch der eines persönlichen Gläubigers ist. Dingliche Ansprüche zählen demnach nicht zu den Konkursforderungen, können allerdings neben persönlichen Ansprüchen bestehen. Schließlich ist darauf zu achten, daß der Anspruch klagbar und in das Vermögen des Gemeinschuldners pfändbar ist. **485**

Steht dem Gläubiger eine Aufrechnungsbefugnis nach §§ 53 - 56 KO zu, so ist der Anspruch nicht unter die Konkursforderungen aufzunehmen. **486**

- **Massekosten, Masseschulden:**

Der Prognose und Kontrolle des Wertansatzes der Massekosten und Masseschulden ist wegen der besonderen Bedeutung dieser Posten besondere Aufmerksamkeit zu widmen, da ihr Ansatz bei massearmen Verfahren wesentlichen Einfluß darauf hat, ob ein Verfahren wegen Masseunzulänglichkeit einzustellen ist oder nicht. Welche Verpflichtungen auftreten und in welcher Höhe sie die Masse belasten, richtet sich nach der vom Konkursverwalter geplanten Art und Weise des Liquidationsverlaufes, wobei insbesondere bei Betriebsfortführung umfangreiche Masseschulden einzukalkulieren sind. **487**

Da der Konkursverwalter verpflichtet ist, nur solche Masseverbindlichkeiten zu begründen, deren Deckung aus der Masse gewährleistet ist, wird insoweit auf die Gefahr einer persönlichen Haftung des Konkursverwalters verwiesen.[281] **488**

e) Konkurseröffnungsbilanz, Fortschreibung der Konkursbilanz

Nach § 124 KO ist die Konkursbilanz erstmals als Konkurseröffnungsbilanz auf den Tag der Konkurseröffnung zu erstellen. Insbesondere in länger andauernden Konkursverfahren, die vom Masse- oder Forderungsumfang her eine gewisse Bedeutung haben, kann es angebracht sein, außer der nach § 124 KO **489**

---

281) *Kuhn/Uhlenbruck*, KO, § 82 Rz. 18.

VI. Erstellung und Fortschreibung der internen Rechnungslegung

erforderlichen Konkurseröffnungsbilanz zu bestimmten Zeitpunkten Konkurszwischenbilanzen zu erstellen.[282]

490 Zeitpunkt und Häufigkeit der Anfertigung von Konkurszwischenbilanzen richten sich nach den Erfordernissen des Einzelfalls. Sie können erforderlich sein

- bei der Ausübung des Auskunftsrechts durch die Gläubigerversammlung,[283]
- zu bestimmten Verfahrenseinschnitten (Abhaltung des Prüfungstermins, Verteilungstermine etc.),
- bei Entscheidungen größerer Tragweite (Eintritt der Masseunzulänglichkeit),
- bei Vorlage neuer Informationen, die das Bilanzergebnis wesentlich beeinflussen,
- bei einem Wechsel des Konkursverwalters etc.[284]

491 Die Merkmale der Konkurszwischenbilanz weisen im Regelfall keine Besonderheiten auf. Sie können allerdings außer den zukunftsorientierten Prognosewerten auch die bereits vorliegenden tatsächlichen Realisationswerte enthalten.[285] In diesem Fall setzen sich die Werte der Konkursbilanz aus Vergangenheits- und Zukunftswerten zusammen, deren Verhältnis vom Stand des Verfahrens abhängig ist.

492 Die Konkurszwischenbilanz kann auch mit einer Ergebnisrechnung verbunden sein, die sich an der Gewinn- und Verlustrechnung orientiert und wiedergibt, welche Erlöse aus der Verwertung der Vermögensgegenstände in der Berichtszeit erzielt, welche Masseverbindlichkeiten bezahlt, welche Konkursforderungen befriedigt worden sind und welcher Geldbestand danach verbleibt.[286]

493 Die Konkurszwischenbilanz ermöglicht es, die Verfahrensentwicklung zu verfolgen. Sie dient der Selbstinformation und Selbstkontrolle des Konkursverwalters sowie als Planungsgrundlage für seine weiteren Tätigkeiten und Entscheidungen.[287] Auch bei Geschäftsfortführung sind Konkursinventar, Konkurseröffnungsbilanz und Konkurszwischenbilanz unter Liquidationsgesichtspunkten zu erstellen.[288]

---

282) Vgl. *Pink*, S. 124 ff, 157 ff.
283) *Kilger/Karsten Schmidt*, KO, § 124 Anm. 13.
284) Vgl. *Plate*, S. 62; *Veit*, S. 175 ff.
285) *Pink*, S. 158.
286) *Kilger/Karsten Schmidt*, KO, § 124 Anm. 3.
287) *Hess/Kropshofer*, KO, § 124 Rz. 9; *Kuhn/Uhlenbruck*, KO, § 124 Rz. 5.
288) *Kilger/Karsten Schmidt*, KO, § 124 Anm. 4.

1. Interne Rechnungslegung nach der Konkursordnung

Im übrigen ist es erforderlich, die Konkurszwischenbilanz in ihrer Horizontalgliederung so zu gestalten, daß außer den aktuellen Zwischenbilanzwerten auch die Werte der Konkurseröffnungsbilanz und die bereits vorliegenden Realisationswerte aufgenommen werden. Unter Umständen kann es sich auch empfehlen, die Abweichung von den Realisationserwartungen zahlenmäßig aufzuzeigen. 494

f) Technik der Erstellung von Konkursbilanzen
aa) Konkurseröffnungsbilanz

Der Stichtag für die Erstellung des Vermögensverzeichnisses, des Inventars und der Konkurseröffnungsbilanz ist der Tag der Konkurseröffnung.[289] Den Ausgangspunkt für die Konkurseröffnungsbilanz bilden das Vermögensverzeichnis nach § 123 Abs. 1 Satz 1 KO oder das nach § 124 KO zu erstellende Inventar. Das Vermögensverzeichnis wird gesondert nach den einzelnen konkursbefangenen Vermögensgegenständen aufgenommen und enthält Angaben zu der Menge, dem Gegenstand und dem Wert.[290] Aus dem Vermögensverzeichnis nach § 123 Abs. 1 KO wird das Inventar nach § 124 Abs. 1 KO aufgestellt, das bereits eine nach kaufmännischen Grundsätzen geordnete Zusammenstellung der Aktiva und Passiva unter Einschluß der Rechte auf abgesonderte Befriedigung der sonstigen Absonderungsrechte und der Aussonderungsrechte umfaßt. 495

Zur Erstellung der Konkursbilanz wird für jede einzelne Bilanzposition nach Erstellung des Inventars ein Deckblatt angelegt. Auf diesem Deckblatt wird, soweit möglich, zunächst der sich aus der Finanzbuchhaltung ergebende Buchwert der Position der Konkursbilanz sowie seine kontenmäßige Zusammensetzung aufgezeigt. Dem Buchwert gegenübergestellt werden der Veräußerungswert laut Inventar, die Vorrechte sowie die daraus sich ergebende freie Masse. 496

Als Anlage zu dem Deckblatt für die jeweilige Bilanzposition werden eventuell erforderliche Hinweise auf die mengenmäßige Zusammensetzung sowie Erläuterungen zu der Wertermittlung, zu der Zusammensetzung und zu der Höhe der Vorrechte genommen. Auf die jeweiligen Anlagen wird bereits auf dem Deckblatt verwiesen. Ein Deckblatt kann demnach wie folgt gestaltet werden: 497

---

289) *Kuhn/Uhlenbruck*, KO, § 124 Rz. 1a; *Veit*, S. 98.
290) *Kilger/Karsten Schmidt*, KO, § 123 Anm. 1.

Muster 7

Masseansprüche (§ 59 Abs. 1 Nr. 1 und 2 KO)

Konto-Bezeichnung	Anlage	BW 31. 12. 1996 DM
Gehälter	(1)	19.512,--
Sozialversicherung	(2)	
AOK		1.314,08
BEK		999,--
Lohn-, Kirchensteuer	(3)	8.031,03
Massedarlehen	(4)	
Deutsche Bank AG		150.000,--
BfG		30.000,--
Stadtsparkasse		30.000,--
Miet- und Pachtverbindlichkeiten	(5)	
- A		815,--
- B		1.228,--
- C		1.015,--
Berufsgenossenschaft	(6)	2.280,--
Sonstige Masseverbindlichkeiten	(7)	<u>13.728,--</u>
		<u>258.992,11</u>

498 Das Vermögensverzeichnis, das Inventar und die Konkurseröffnungsbilanz sind unverzüglich nach Konkurseröffnung zu errichten und spätestens zum Bericht gemäß § 131 KO auf der Geschäftsstelle niederzulegen.

499 Der Bericht nach § 131 KO ist Teil der Rechnungslegung des Verwalters. Sinn und Zweck dieser Rechenwerke ist es, Aufschluß darüber zu geben, welche Aktiva der Verwalter gemäß § 117 Abs. 1 KO in Besitz genommen hat und welche Passiva diesen nach bisherigen Erkenntnissen gegenüberstehen.[291]

---

291) *Kilger/Karsten Schmidt*, KO, § 124 Anm. 2 b.

bb) Konkurszwischenbilanzen, Konkursschlußbilanz

Konkurszwischen- und Konkursschlußbilanzen können zum einen in der Weise ermittelt werden, daß sämtliche Geschäftsvorfälle, die in der kaufmännischen Buchführung verbucht werden, zugleich auch in einem gesonderten oder integrierten Rechnungswesen verbucht werden, das der Fortschreibung der Konkursbilanz dient. 500

Bei Erstellung der Konkurszwischen- und Konkursschlußbilanz ist allerdings - insbesondere, wenn der Stichtag nicht auf das Ende des Wirtschaftsjahres fällt - darauf zu achten, daß sämtliche Informationen vorliegen, die zu einer Änderung der ursprünglichen Wertansätze führen. Solche neuen Informationen sind zunächst handelsrechtlich und daneben auch konkursrechtlich buchhalterisch zu berücksichtigen. 501

Konkurszwischen- und Konkursschlußbilanzen können allerdings auch ohne Fortschreibung der Konkurseröffnungsbilanz in entsprechender Weise aufgestellt werden wie die Konkurseröffnungsbilanz.[292] Dieses Verfahren bietet sich insbesondere bei Stichtagen an, die mit dem Ende des Wirtschaftsjahres zusammenfallen, da zu diesem Zeitpunkt ohnehin körperliche Bestandsaufnahmen handelsrechtlich vorgeschrieben sind. Die für die Erstellung der Konkursbilanz erforderlichen Arbeiten lassen sich dabei ohne nennenswerten Zusatzaufwand mit den für die Erstellung der Handelsbilanz erforderlichen Arbeiten verbinden, indem sowohl bei der Erstellung des Inventars als auch bei der Erstellung der erforderlichen Deckblätter neben dem handelsrechtlich anzusetzenden Wert auch der Konkurswert aufgenommen wird. 502

g) Informationen für den Schlußbericht

Nach § 86 KO hat der Konkursverwalter bei Beendigung seines Amtes Schlußrechnung zu legen.[293] Diese Schlußrechnung markiert das Ende der verfahrensbezogenen Rechnungslegung.[294] Sie betrifft nicht die handelsrechtliche externe Rechnungslegung, sondern nur die interne, insolvenzrechtliche Rechnungslegung. Die Schlußrechnung muß den Verbleib der zur Masse gehörenden Gegenstände klären und die konkursmäßige Liquidation des Unternehmens als Abwicklungsverfahren darstellen.[295] 503

---

292) *Kuhn/Uhlenbruck*, KO, § 124 Rz. 5.
293) Zu den Einzelheiten vgl. auch *Bähner/Berger/Braun*, ZIP 1993, 1283 ff; *Pink*, S. 63 ff.
294) *Plate*, S. 7 ff.
295) *Kuhn/Uhlenbruck*, KO, § 86 Rz. 1.

VI. Erstellung und Fortschreibung der internen Rechnungslegung

504 Die Schlußrechnung besteht aus einem Schlußbericht, einer Konkursschlußbilanz und einer Ergebnisrechnung mit einem Schlußverzeichnis.[296] Der Schlußbericht enthält im wesentlichen Angaben über den allgemeinen Verlauf des Verfahrens, Angaben über die Kassenprüfungen, Angaben über die Schließung oder die Aufrechterhaltung des Geschäfts des Gemeinschuldners, Mitteilungen über die Ergebnisse von Anfechtungs- oder Feststellungsprozessen, eine Zusammenfassung über das Ergebnis des Konkursverfahrens sowie einen begründeten Vorschlag über die Vergütungen des Verwalters und der Mitglieder des Gläubigerausschusses.[297]

505 Im Hinblick auf die Vielzahl der erforderlichen Informationen muß der Konkursverwalter im Rahmen des Schlußberichts zunächst einen schriftlichen Bericht darüber abgeben, wie er die Verwaltung und Verwertung der Masse durchgeführt und in welchem Umfang er Verbindlichkeiten berichtigt hat. Die Konkursschlußbilanz gibt Aufschluß über die tatsächliche Überschuldung und über die endgültige Konkursquote sowie über die Abweichungen von der Konkurseröffnungsbilanz, sie ist zweckmäßigerweise vertikal ebenso gegliedert wie die Konkurseröffnungsbilanz, wobei zusätzlich - horizontal gegliedert - die Werte laut Konkurseröffnungsbilanz, die realisierten Werte sowie die Abweichungen deutlich gemacht werden sollten.

506 Die Ergebnisrechnung, die die Grundlage für die Schlußverteilung bildet, ist zweckmäßigerweise als Einnahmen-/Ausgabenrechnung aufzubauen und durch eine Bestandsrechnung zu ergänzen. Die Einnahmen-/Ausgabenrechnung muß mit den liquiden Mitteln der Bestandsrechnung abstimmbar sein. Das Bestandsverzeichnis muß das nicht verteilte Vermögen sowie die noch nicht berichtigten Verbindlichkeiten und im Saldo die verbleibende Überschuldung aufzeigen.[298]

507 Ein Teil der für den Schlußbericht benötigten Informationen läßt sich am besten durch Erläuterung der Konkursschlußbilanz geben. So kann im wesentlichen der Verfahrensablauf durch die Gegenüberstellung des Wertes der Konkurseröffnungsbilanz und der Konkursschlußbilanz dargestellt werden, indem die tatsächliche Wertrealisation erläutert wird und eventuelle Wert- und Realisationsabweichungen begründet werden.

508 Ergebnisse aus einer eventuellen Betriebsfortführung lassen sich nicht direkt aus der Konkursschlußbilanz entnehmen. Sie werden zweckmäßigerweise aus dem kaufmännischen Rechnungswesen abgeleitet.

---

296) *Pink*, S. 63 ff.
297) *Bähner/Berger/Braun*, ZIP 1993, 1283, 1288; vgl. auch *Scherrer/Heni*, S. 243 ff.
298) Vgl. *Veit*, S. 195 ff sowie die Beispielsrechnung oben Rz. 82.

2. Interne Rechnungslegung nach der Gesamtvollstreckungsordnung

Die interne Rechnungslegung nach der Gesamtvollstreckungsordnung ist dort nur in wenigen Vorschriften geregelt. Der Verwalter hat nach § 11 Abs. 1 GesO ein Verzeichnis des Vermögens und der Verpflichtungen des Schuldners aufzustellen. Darüber hinaus ist nach der Verteilung ein Abschlußbericht vom Verwalter anzufertigen, der vom Gericht zu prüfen ist (§ 18 Abs. 4 GesO). Diese grundlegenden Vorschriften über die interne Rechnungslegung nach der GesO werden in der Praxis in eine der internen Rechnungslegung der Konkursordnung vergleichbaren Weise angewandt. Das Vermögensverzeichnis nach § 11 Abs. 1 GesO entspricht der Konkursbilanz. Es dient der Vorbereitung von Entscheidungen im Zusammenhang mit dem Gesamtvollstreckungsverfahren (oben Rz. 97) und unterscheidet sich wie die Konkursbilanz von den kaufmännischen Bilanzen, den Liquidationsbilanzen für Kapital- und Personengesellschaften, der Überschuldungsbilanz, der Vergleichsbilanz, von einer gegebenenfalls zu erstellenden Übersicht über die Vermögensmasse, von einem Inventar, einem Verteilungsverzeichnis, einem Schlußverzeichnis oder dem Abschlußbericht § 18 Abs. 4 GesO. **509**

Das Vermögensverzeichnis ist nach denselben allgemeinen Grundsätzen auf der Grundlage des Inventars zu erstellen wie die Konkursbilanz. Es gelten mithin die Grundsätze der Richtigkeit und Willkürfreiheit, der Klarheit, der neutralen Wertermittlung, der Stetigkeit sowie mit den genannten Einschränkungen der Grundsatz der Einzelbewertung. **510**

Die Horizontalgliederung entspricht der Konkursbilanz, während sich die Vertikalgliederung entsprechend den Besonderheiten der Gesamtvollstreckungsordnung auf der Passivseite wie folgt ändert. **511**

VI. Erstellung und Fortschreibung der internen Rechnungslegung

Muster 8

Konkursbilanz (Vertikalgliederung) nach der GesO

	Buch- wert DM	Konkurs- wert DM	Fremd- rechte DM	Masse- forderung DM	Konkurs- forderung DM
A. Einfache Konkursforderungen					
I. Verbindlichkeiten mit einer Laufzeit von mehr als 5 Jahren					
1. Anleihen					
2. Bankverbindlichkeiten					
II. Andere Verbindlichkeiten					
1. Verbindlichkeiten aus Lieferungen und Leistungen					
2. Bankverbindlichkeiten					
3. Sonstige Verbindlichkeiten					
B. Vorrechtsforderungen					
I. Arbeitnehmerforderungen					
1. § 17 Abs. 3 Nr. 1 Buchst. a GesO Arbeitnehmerforderungen (bis ein Jahr vor Gesamtvollstreckung)					
2. § 17 Abs. 3 Nr. 1 Buchst. b GesO Sozialversicherung, BfA (bis ein Jahr vor Gesamtvollstreckung)					
3. § 17 Abs. 3 Nr. 1 Buchst. c GesO Sozialplan					
II. (Ggf.) Unterhalt und Familienaufwand § 17 Abs. 3 Nr. 2 GesO					
III. Steuern, etc. § 17 Abs. 3 Nr. 3 GesO					
C. Masseansprüche					
I. § 13 Abs. 1 GesO					
II. § 13 Abs. 1 Nr. 2 GesO					
III. § 13 Abs. 1 Nr. 3 i. V. m. § 17 Abs. 3 Nr. 1 Buchst. a + b GesO					

3. Interne Rechnungslegung nach der Insolvenzordnung

Die Bewertung im Vermögensverzeichnis erfolgt ebenfalls nach denselben Grundsätzen wie in der Konkursbilanz. Obwohl in § 11 Abs. 2 GesO keine Pflicht zur Erstellung einer Eröffnungsbilanz normiert wird, wird dies in der Literatur wegen Sinn und Zweck der Gesamtvollstreckung gefordert.[299]   **512**

Insbesondere in länger andauernden Gesamtvollstreckungsverfahren entspricht es ebenfalls der Praxis, das Vermögensverzeichnis fortzuschreiben, wobei Zeitpunkt und Häufigkeit der Zwischenverzeichnisse sich nach den Erfordernissen des Einzelfalles richtet.   **513**

Was die Technik der Erstellung des Vermögensverzeichnisses betrifft, so gilt nichts anderes als bei Konkursbilanzen. Ausgangspunkt für das Verzeichnis bildet das Inventar, aus dem zweckmäßigerweise ein Vermögensverzeichnis entsprechend § 123 Abs. 1 KO abgeleitet wird (oben Rz. 503). Entsprechendes gilt für die Technik der Erstellung eines Zwischenverzeichnisses oder eines Schlußverzeichnisses.   **514**

In entsprechender Anwendung von § 86 KO hat der Verwalter bei Beendigung seines Amtes Schlußrechnung zu legen, die aus dem nach § 18 Abs. 4 GesO vorgesehen Schlußbericht gegenüber dem Gericht und entsprechend den in der Praxis üblichen Grundsätzen aus einem Verzeichnis und einer Ergebnisrechnung besteht. Auch insoweit kann auf die für den Schlußbericht nach der Konkursordnung geltenden Grundsätze verwiesen werden (oben Rz. 505).   **515**

Sowohl Abschlußberichte als auch die Schlußrechnung sind von der Schlußbilanz zu unterscheiden. Die Schlußbilanz ist Gegenstand der externen Rechnungslegung, während sich die Schußrechnung als interne Rechnungslegung an die Gläubigerversammlung richtet. Sie wird im Schlußtermin von den Gläubigern geprüft. Der Abschlußbericht wird dem Gericht erstattet. Seine Prüfung beendet die Aufsicht nach § 8 Abs. 3 Satz 1 GesO.   **516**

3. Interne Rechnungslegung nach der Insolvenzordnung

Nach § 153 InsO hat der Verwalter eine **Vermögensübersicht** zu erstellen, die sich inhaltlich an der Konkurseröffnungsbilanz i. S. d. § 124 KO und dem Vermögensverzeichnis nach § 11 Abs. 1 GesO orientiert. Mit der Vermögensübersicht werden dieselben Zwecke verfolgt, wie sie bereits mit der Konkursbilanz verfolgt werden (oben Rz. 440 ff), wobei zusätzlich nach Maßgabe der Zielsetzung des neuen Insolvenzverfahrens Informationen sowohl über die Fortführungs- als auch den Einzelveräußerungswert gegeben werden (§ 153 Abs. 1 Satz 2 i. V. m. § 151 Abs. 2 InsO). Die Vermögensübersicht unterscheidet sich wie die Konkursbilanz von den kaufmännischen Bilanzen, den   **517**

---

[299] *Haarmeyer/Wutzke/Förster*, GesO, § 11 Rz. 14; *Hess/Binz/Wienberg*, GesO, § 11 Rz. 12; *Smid*, GesO, § 11 Rz. 4.

VI. Erstellung und Fortschreibung der internen Rechnungslegung

Liquidationsbilanzen für Kapitalgesellschaften und Personenhandelsgesellschaften, der Überschuldungs- und der Vergleichsbilanz.

518 Von dem Verzeichnis der Massengegenstände (§ 151 InsO) und dem Gläubigerverzeichnis (§ 152 InsO) unterscheidet sich die Vermögensübersicht dadurch, daß diese lediglich die Gegenstände der Insolvenzmasse und der Verbindlichkeiten des Schuldners und dabei Angaben zu den Mengen enthalten, die in der Vermögensübersicht nicht aufgenommen werden müssen.

519 Das **Verteilungsverzeichnis** nach § 188 InsO dient in erster Linie der Information der Gläubiger hinsichtlich Art und Umfang der Aufnahme in das Verzeichnis und soll ihnen die Möglichkeit geben, vor der Vornahme der Verteilung Änderungen oder Ergänzungen zu erwirken. Ebenso wie das Schlußverzeichnis enthält es keine Bilanz, sondern nur ein Verzeichnis der bei der Ausschüttung beteiligten Gläubiger, die somit aus der bei der Verteilung zu berücksichtigenden Forderungen und der verteilungsfähigen Masse bestand.

520 Die **Schlußrechnung** nach §§ 66, 187 InsO enthält wie die Schlußrechnung nach § 86 KO im Gegensatz zur Vermögensübersicht eine Einnahmen- und Ausgabenrechnung (Überschußrechnung), eine Schlußbilanz (fakultativ), einen Schlußbericht und das Schlußverzeichnis (oben Rz. 503 ff). Sie ist ein Tätigkeitsbericht des Insolvenzverwalters und kein Rechenschaftsbericht. Soweit sie die Konkursschlußbilanz enthält, werden anhand dieser Schlußbilanz, die einer Vermögensübersicht entspricht, durch Gegenüberstellung zur Vermögensübersicht auf den Stichtag der Insolvenzeröffnung die Maßnahmen im Zusammenhang mit der Verwaltung, Verwertung und Verteilung erläutert.

521 Die Grundsätze für die Aufstellung der Vermögensübersicht entsprechen denen, die auch bei der Aufstellung von Konkursbilanzen zu beachten sind. Auch hier gilt der Grundsatz der Richtigkeit und Willkürfreiheit, der Klarheit, der neutralen Wertermittlung, der Stetigkeit und mit Einschränkungen der Einzelbewertung.

522 Die neue Insolvenzordnung lehnt sich bei den Regelungen über die interne Rechnungslegung des Insolvenzverwalters an die Konkursordnung an und ergänzt diese im Hinblick auf die neuen Instrumente, die die Insolvenzordnung vorsieht.

523 Wie schon bisher erstellt der Insolvenzverwalter nach dem Eröffnungsbeschluß ein Verzeichnis der Massengegenstände (§ 151 InsO), ein Gläubigerverzeichnis (§ 152 InsO) und eine Vermögensübersicht (§ 153 InsO).

524 Die **Vertikal- und Horizontalgliederung** ist vergleichbar mit der Konkursbilanz, wobei jedoch die Besonderheiten der neuen Insolvenzordnung zu berücksichtigen sind. Dies zeigt sich vor allem in der Horizontalgliederung, wo neben dem Veräußerungswert der Fortführungswert anzusetzen ist und im Hinblick auf § 153 Abs. 1 Satz 2 i. V. m. § 152 Abs. 2 Satz 1 InsO weitere Informatio-

3. Interne Rechnungslegung nach der Insolvenzordnung

nen hinsichtlich der verschiedenen Gläubigerkategorien anzugeben sind. Hier müssen die absonderungsberechtigten Gläubiger und die verschiedenen Rangklassen der nachrangigen Insolvenzgläubiger (vgl. §§ 39, 327 InsO) gesondert von den übrigen Insolvenzgläubigern aufgeführt werden. Die aussonderungsberechtigten Gläubiger dagegen können bei der Aufstellung des Gläubigerverzeichnisses außer Betracht bleiben, da die auszusondernden Gegenstände in das Verzeichnis der Massegegenstände nicht aufzunehmen sind. Außerdem ist anzugeben, welche Möglichkeit der Aufrechnung besteht. Ein Beispiel zur Vertikal- und Horizontalgliederung der künftigen Vermögensübersicht ist nachstehend wiedergegeben.

Muster 9

Vermögensübersicht nach der Insolvenzordnung

der   per

A. Aktiva

Titel	Veräußerungswert DM	Fortführungswert DM	Absonderungsrechte, Aufrechnung DM	Frei für die Masse DM
I. **Anlagevermögen:**				
1. Grundvermögen in eingetragen im Grundbuch von Nr. Flrst. Nr. qm				
2. Geschäftsausstattung einschließl. Fuhrpark(Fahrzeuge) und Büroeinrichtung				
3. Beteilung an Firma				
II. **Umlaufvermögen:**				
1. Vorräte:				
a) Roh-, Hilfe- und Betriebsstoffe				
b) Fertig- und Halbfertigprodukte				
2. Forderungen aus Lieferungen und Leistungen				
3. Kassenbestand				
4. Postscheckguthaben				
5. Bankguthaben:				
6. Forderungen an verbundene Unternehmen				
7. Sonstige Vermögenswerte				
8. Noch offene Einlageverpflichtung				
III. **Überschuldung:**				
Summe der Aktiven				

B. Passiva

Titel	Buchwert DM	Gläubiger mit Absonderungsrechten, Aufrechnungsberechtigte DM	Gläubiger mit Vorrecht DM	Gläubiger ohne Vorrecht DM

I. **Bevorrechtigte Forderungen:**
  1. Löhne, Gehälter, Sozialabgaben
  2. Steuerforderungen				

II. **Nicht bevorrechtigte Forderungen:**
  1. Bankforderungen
  2. Lieferantenforderungen
  3. Verbindlichkeiten gegenüber verbundenen Unternehmen
  4. Sonstige Verbindlichkeiten (Kundenzahlungen, Mieten, Provisionen, Beratungskosten)
  5. Verbindlichkeiten aus besonderen Verträgen				

Summe der Passiven				

525 Hinsichtlich der **Bewertung** der Vermögensgegenstände in der Insolvenzbilanz gilt, daß jeder Gegenstand mit dem tatsächlichen Wert anzusetzen ist (§ 153 Abs. 1 Satz 2 i. V. m. § 151 Abs. 2 Satz 1 InsO). Bei Forderungen, die rechtlich zweifelhaft oder schwer einbringlich sind, müssen Abschläge vom Forderungsbetrag vorgenommen werden. Soweit die Möglichkeit der Fortführung des Unternehmens besteht und zu einer unterschiedlichen Bewertung von Vermögensgegenständen führt, sind Fortführungs- und Einzelveräußerungswert nebeneinander anzugeben. Dabei ist der Verwalter nicht berechtigt, bei der Bewertung nach seinem Ermessen die Fortführung oder die Einzelveräußerung zugrunde zu legen und dadurch die Entscheidung der Gläubiger über den Fortgang des Verfahrens vorwegzunehmen.[300]

526 Um den **Fortführungswert** ermitteln zu können, muß eine zweistufige Überprüfung der Werte erfolgen. Zur Ermittlung des Veräußerungswerts werden die Aktiva so angesetzt, als würde zum Stichtag das Gesamtunternehmen oder Teile des Unternehmens veräußert. Bei einer Gesamtveräußerung ist dabei der Ertragswert anzusetzen. Für die Ermittlung der Einzelwerte der Aktiva und Passiva gelten insoweit die entsprechenden Grundsätze wie bei der Konkursbilanz.

---

[300] Vgl. Begründung zum RegE InsO, BT-Drucks. 12/2443, S. 171, abgedruckt in: *Kübler/Prütting*, RWS-Dok. 18, Bd. I, S. 370.

3. Interne Rechnungslegung nach der Insolvenzordnung

Zur Ermittlung der Fortführungswerte wird eine Fortbestehensprognose unterstellt mit der Folge, daß die Aktiva nach Fortführungs-(Going-Concern-)Werten angesetzt werden. Diese entsprechen den bisherigen Buchwerten unter Berücksichtigung der im Zusammenhang mit der Insolvenz auftretenden Kosten. 527

Die Technik der Erstellung der Vermögensübersicht entspricht der bei der Erstellung von Konkursbilanzen. Stichtag ist nach § 153 Abs. 1 InsO der Zeitpunkt der Eröffnung des Insolvenzverfahrens. Den Ausgangspunkt bilden das Verzeichnis der Massegegenstände (§ 151 InsO) und das Gläubigerverzeichnis (§ 152 InsO). 528

Das **Vermögensverzeichnis** nach § 151 InsO lehnt sich hinsichtlich der Einzelheiten weitgehend an § 123 KO an, der die Erstellung des Vermögensverzeichnisses für das Konkursverfahren regelt. Es wird nach den einzelnen insolvenzbefangenen Vermögensgegenständen aufgenommen und bezieht Angaben zu der Menge, dem Gegenstand und dem Wert ein. Alle Gegenstände der Masse sind genau zu bezeichnen, z. B. Grundstücke mit der Angabe des Grundbuchblatts. Auch Ansprüche, die sich aus den Vorschriften über die Insolvenzanfechtung ergeben, gehören zur Masse und sind in das Verzeichnis aufzunehmen und zu bewerten. Häufig wird der Verwalter berechtigt sein, die Herausgabe einer solchen Sache zur Bewertung zu verlangen. Ist dies nicht der Fall, z. B. weil die Sache im Besitz eines absonderungsberechtigten Gläubigers ist, kann der Verwalter immerhin nach den §§ 809, 811 BGB verlangen, daß ihm die Besichtigung der Sache gestattet wird. Die besondere Regelung einer Vorlegungspflicht wie sie in § 120 KO vorgesehen ist, enthält die Insolvenzordnung nicht mehr. 529

Als Wert werden in dem **Verzeichnis der Massegegenstände** bereits der Veräußerungs- und der Fortführungswert aufgenommen, da diese in das Vermögensverzeichnis übernommen werden müssen. Aus dem Verzeichnis der Massegegenstände wird sodann wie bei der Konkursbilanz die Aktivseite der Vermögensübersicht abgeleitet. Die Technik entspricht dabei der für die Erstellung der Konkursbilanz geschilderten Technik (oben Rz. 495 ff). 530

Das **Gläubigerverzeichnis**, das nach § 152 InsO zu erstellen und Ausgangspunkt für die Passivseite der Vermögensübersicht ist, enthält alle Gläubiger, die dem Verwalter aus den Büchern und Geschäftspapieren des Schuldners, durch sonstige Angaben des Schuldners, durch die Anmeldung ihrer Forderungen oder auf andere Weise bekanntgeworden sind. In ihm sind die absonderungsberechtigten Gläubiger und die einzelnen Rangklassen der nachrangigen Insolvenzgläubiger gesondert aufzuführen. Bei jedem Gläubiger sind die Anschrift sowie der Grund und der Betrag seiner Forderung anzugeben. Bei den absonderungsberechtigten Gläubigern sind zusätzlich der Gegenstand, an dem das Absonderungsrecht besteht, und die Höhe des mutmaßlichen Ausfalls zu 531

VI. Erstellung und Fortschreibung der internen Rechnungslegung

bezeichnen. Weiter ist anzugeben, welche Möglichkeiten der Aufrechnung bestehen. Die Höhe der Masseverbindlichkeiten im Falle einer zügigen Verwertung des Vermögens des Schuldners ist im Schätzungswege einzubeziehen.

532 Das Gläubigerverzeichnis unterscheidet sich von der Insolvenztabelle, in die der Urkundsbeamte der Geschäftsstelle des Insolvenzgerichts die angemeldeten Forderungen der Insolvenzgläubiger einträgt. Der Unterschied liegt darin, daß das Gläubigerverzeichnis auch diejenigen Insolvenzgläubiger enthält, die ihre Forderungen noch nicht angemeldet haben. Außerdem liegt der Unterschied darin, daß auch die absonderungsberechtigten Gläubiger aufzunehmen sind.

533 Wie das Verzeichnis der Massegegenstände nach § 151 InsO einen möglichst vollständigen Überblick über das Vermögen verschaffen soll, das zur Befriedigung der Gläubiger zur Verfügung steht, so soll auch das Gläubigerverzeichnis die diesem Vermögen gegenüberstehenden Belastungen und Verbindlichkeiten so vollständig wie möglich aufzeigen. Diesem Ziel dient auch die Aufnahme der absonderungsberechtigten Gläubiger sowie der verschiedenen Rangklassen der nachrangigen Insolvenzgläubiger. Die aussonderungsberechtigten Gläubiger bleiben außer Betracht, da die auszusondernden Gegenstände auch nicht in das Verzeichnis der Massegegenstände aufgenommen werden. Auch im Gläubigerverzeichnis sind Veräußerungs- und Fortführungswerte anzugeben.

534 Aus dem Gläubigerverzeichnis wird wiederum die Passivseite der Vermögensübersicht abgeleitet, wobei hier die Technik der bei der Erstellung von Konkursbilanzen praktizierten Techniken entspricht (oben Rz. 495 ff).

535 Neben der Vermögensübersicht nach § 153 InsO zu Beginn des Insolvenzverfahrens wird es auch nach der Insolvenzordnung erforderlich sein, insbesondere bei länger andauernden Insolvenzverfahren die Vermögensübersicht ständig anzupassen und zu bestimmten Zeitpunkten Zwischenübersichten zu erstellen. Zeitpunkt und Häufigkeit von Zwischenübersichten richten sich wie im Verfahren nach der Konkursordnung nach den Erfordernissen des Einzelfalls.

536 Die **Zwischenübersichten** weisen gegenüber der Eröffnungs-Vermögensübersicht keine Besonderheiten auf. Solange das Unternehmen fortgeführt wird, sind Veräußerungswert und Fortführungswert nebeneinander aufzunehmen. Ist jedoch eine Entscheidung zur Veräußerung des Unternehmens gefallen, wird es bei den Zwischenübersichten ausreichen, nur den Veräußerungswert anzusetzen.

537 Die Zwischenübersicht mit einer Ergebnisrechnung verbunden werden, die bei Fortführung des Unternehmens der Gewinn- und Verlustrechnung für den Zwischenrechnungszeitraum entspricht. Im Fall der Veräußerung kann sich diese Ergebnisrechnung ebenfalls an der Gewinn- und Verlustrechnung orientieren und wiedergeben, welche Erlöse aus der Verwertung der Vermögensge-

3. Interne Rechnungslegung nach der Insolvenzordnung

genstände in der Zwischenzeit erzielt, welche Masseverbindlichkeiten bezahlt, welche Forderungen befriedigt worden sind und welcher Geldbestand noch verblieben ist.

Mit der Zwischenübersicht werden dieselben Ziele verfolgt wie mit einer Konkurszwischenbilanz (oben Rz. 500). Die Technik der Erstellung von Zwischenberichten ist ebenfalls vergleichbar mit der aus dem Konkursverfahren bekannten Technik. **538**

Für den in § 156 InsO erstmals vorgesehenen Berichtstermin, der im Eröffnungsbeschluß festgelegt wird, hat der Insolvenzverwalter einen Bericht vorzulegen, in dem folgendes darzulegen ist (vgl. § 156 InsO): **539**

- die wirtschaftliche Lage des Schuldners und ihre Ursachen,
- die Aussichten auf eine vollständige oder teilweise Erhaltung des Unternehmens des Schuldners,
- die Möglichkeiten für die Aufstellung eines Insolvenzplans anstelle der Abwicklung nach den gesetzlichen Regeln und
- die jeweiligen Auswirkungen auf die Befriedigung der Gläubiger.

Er soll dabei die wirtschaftliche Lage des Schuldners und ihre Ursachen analysieren. Er soll dazu Stellung nehmen, ob das Unternehmen des Schuldners im ganzen oder in Teilen erhalten werden kann, sei es durch eine Sanierung des Schuldners oder durch eine Gesamtveräußerung an einen Dritten. Außerdem muß in dem Bericht die Frage behandelt werden, ob sich anstelle der Abwicklung nach den gesetzlichen Regeln die Aufstellung eines Insolvenzplans empfiehlt (unten Rz. 544). **540**

In dem nach § 156 InsO vorgesehenen Berichtstermin beschließt die Gläubigerversammlung nach § 157 InsO, ob das Unternehmen des Schuldners stillgelegt oder fortgeführt wird und ob der Insolvenzverwalter beauftragt wird, einen Insolvenzplan zu erstellen. Wesentlich im Hinblick auf die Fortführungsprämisse ist dabei, daß der Verwalter das Unternehmen fortzuführen hat, sofern nicht das Insolvenzgericht einer Stillegung zustimmt (§ 22 Abs. 1 Nr. 2 InsO). Gegebenenfalls ist zur Einstellung des Geschäftsbetriebs auch die Zustimmung des Gläubigerausschusses einzuholen (§ 158 Abs. 1 InsO). **541**

Über die Einstellung oder Fortführung des Betriebes wird im wesentlichen nach folgendem Entscheidungsmodell entschieden: **542**

- Ist der Liquidationswert höher als der Unternehmenswert, ist die Verwertung, d. h. die Zerschlagung des Schuldnerunternehmens sachgerecht.
- Ist hingegen der Unternehmenswert, der nach der Ertragswertmethode zu ermitteln ist, höher als der Liquidationswert, ist die Fortführung des Schulderunternehmens sachgerecht.

VI. Erstellung und Fortschreibung der internen Rechnungslegung

543 Das künftige Insolvenzverfahren sieht nach dem Berichtstermin zwei Wege der Verwertung und Verteilung des schuldnerischen Vermögens vor: Zum einen kann entsprechend der gesetzlichen Vorschriften über die Zwangsverwertung und -verteilung vorgegangen werden. Diese Möglichkeit entspricht im wesentlichen der bisherigen Regelung in der Konkursordnung. Zum anderen besteht die Möglichkeit, einen Insolvenzplan aufzustellen.

544 Der **Insolvenzplan** geht über die derzeitigen Möglichkeiten im Vergleichs-, Zwangsvergleichs-, Konkurs- und Gesamtvollstreckungsverfahren hinaus und bietet viele Gestaltungsmöglichkeiten im Hinblick auf die Einbeziehung der absonderungsberechtigten Gläubiger sowie die am Schuldner beteiligten Personen.

545 Auch der Insolvenzplan ist Teil der Rechnungslegung des Insolvenzverwalters. Er setzt sich aus dem darstellenden Teil, dem gestaltenden Teil und aus den Anlagen zum gestaltenden Teil zusammen.

546 In dem darstellenden Teil des Insolvenzplans wird beschrieben, welche Maßnahmen nach der Eröffnung des Insolvenzverfahrens getroffen worden sind oder noch getroffen werden sollen, um die Grundlagen für die geplante Gestaltung der Rechte der Beteiligten zu schaffen. Der darstellende Teil soll alle sonstigen Angaben zu den Grundlagen und den Auswirkungen des Plans enthalten, die für die Entscheidung der Gläubiger über die Zustimmung zum Plan und für dessen gerichtliche Bestätigung erheblich sind (§ 220 InsO). Die wesentliche Information des darstellenden Teils wird dabei darin liegen, inwieweit der Insolvenzplan die Befriedigungschancen der Gläubiger verbessert. Hier ist daher eine Vergleichsrechnung anzustellen, d. h., es ist die Befriedigungsquote im Fall der Verwirklichung des Insolvenzplans anzugeben und es ist das Ergebnis der Verwertung der Insolvenzmasse ohne einen Plan zu schätzen.

547 Im gestaltenden Teil des Insolvenzplans wird festgelegt, wie die Rechtsstellung der Beteiligten durch den Plan geändert werden soll (§ 221 InsO). Dem Insolvenzplan sind die in §§ 229 und 230 genannten Anlagen beizufügen. Hierzu gehören die Vermögensübersicht, ein Ergebnisplan und ein Finanzplan zur künftigen Unternehmensentwicklung. In der Vermögensübersicht werden Aktiva und Passiva im Falle einer Bestätigung des Plans einander gegenübergestellt. Da sich Sanierungspläne in der Regel über mehrere Zeitperioden erstrecken, werden unter dieser Vermögensübersicht Planbilanzen für den relevanten Zeitraum zu verstehen sein.

548 Im Ergebnisplan wird dargestellt, welche Aufwendungen und Erträge im vorgesehenen Befriedigungszeitraum zu erwarten sind. Dabei handelt es sich um Plangewinn- und -verlustrechnungen.

3. Interne Rechnungslegung nach der Insolvenzordnung

Diese Planjahresabschlüsse sind um Finanzpläne zu erweitern, in denen die zeitliche Abfolge von Ein- und Auszahlungen im Befriedigungszeitraum dargestellt wird und aus denen die Fähigkeit zur Aufrechterhaltung des finanzwirtschaftlichen Gleichgewichts hervorgeht. **549**

Ziel des Insolvenzplans ist es, einen flexiblen rechtlichen Rahmen für privatautonome Regelungen der Beteiligten zu schaffen. Dabei soll das Insolvenzverfahren den Beteiligten eine bestmögliche Befriedigung geben. Die Sanierung ist insoweit kein eigenständiger Gesetzeszweck. Vielmehr hat das Gericht mit dem Insolvenzplan die Möglichkeit, die Chancen der Sanierung als gleichrangiges Insolvenzverfahren schon vor der Insolvenzeröffnung zu prüfen.[301] **550**

Die Gliederung eines Insolvenzplans könnte danach unter Berücksichtigung der Insolvenzziele wie folgt aussehen:[302] **551**

Muster 10

Gliederung eines Insolvenzplans

I. Teil (Darstellender Teil):

Darstellung der grundlegenden Maßnahmen für die geplante Gestaltung der Beteiligtenrechte

1. Beschreibung des Unternehmens

1.1 Bisherige Unternehmensentwicklung

1.2 Rechtliche Verhältnisse

1.3 Finanzwirtschaftliche Verhältnisse

1.4 Leistungswirtschaftliche Verhältnisse

1.5 Organisatorische Grundlagen

2. Analyse des Unternehmens

2.1 Krisenursachenanalyse (mehrstufige Ursachen-Wirkungsketten)

2.2 Lagebeurteilung

3. Verwertungshandlungen

3.1 Darstellung der Verwertungsmaßnahmen und -erlöse

3.2 Liquidationswerte

---

301) *Kunz/Mundt*, DStR 1997, 620, 621.
302) *Kunz/Mundt*, DStR 1997, 620, 621, in Anlehnung an die Stellungnahme des Fachausschusses des Recht des IDW FAR 1/1993.

VI. Erstellung und Fortschreibung der internen Rechnungslegung

4. Unternehmensleitbild des sanierten Unternehmens
4.1 Ansatzpunkte für eine corporate-identity
4.2 Entwicklung der Tätigkeitsgebiete und Marktstrategien
4.3 Ausrichtung der Faktoren (Erfolgspotentiale)
4.4 Künftige gesellschaftsrechtliche Unternehmensstruktur
4.5 Finanzierungsstruktur

5. Sanierungsmaßnahmen
5.1 Leistungswirtschaftliche Maßnahmen
5.2 Organisatorische Maßnahmen
5.3 Finanzwirtschaftliche Maßnahmen
5.4 Ablauf-, Projekt- und Erfolgscontrolling
5.5 Ertragswert

6. Planverprobungsrechnung
6.1 Betriebswirtschaftliche Teilpläne
6.2 Planbilanz u. Plangewinn- u. Planverlustrechnung
6.3 Finanzplan
6.4 Vergleich Liquidationswert und Ertragswert

II. Teil (Gestaltender Teil):
Darstellung der Änderung der Rechtsstellung der Beteiligten

III. Teil (Anlagen)
1. Vermögensübersicht (§ 229 S. 1 InsO)
2. Darstellung der Aufwendungen und Erträge für die Insolvenzquote der Gläubiger, Ergebnisplan
3. Darstellung der Einnahmen und Ausgaben, Ergebnisplan
4. Zustimmung gemäß § 230 InsO

IV. Teil (ggf. Antrag auf Einleitung des Restschuldbefreiungsverfahrens)

3. Interne Rechnungslegung nach der Insolvenzordnung

Frühestens nach Abhaltung des ersten allgemeinen Prüfungstermins ist der Verwalter nach § 187 Abs. 2 InsO berechtigt, an die Insolvenzgläubiger Abschläge auf die festegestellten Forderungen zu zahlen, sofern zu deren Befriedigung genügend Barmittel zur Verfügung stehen. **552**

Hat der Gläubigerausschuß einer **Abschlagsverteilung** zugestimmt (wenn ein solcher nicht besteht, entscheidet der Verwalter allein), so hat der Verwalter nach § 188 InsO ein sogenanntes **Verteilungsverzeichnis** aufzustellen, das in seinem Aufbau dem Schlußverzeichnis (oben Rz. 506) entspricht. Dieses Verzeichnis dient in erster Linie der Information der Gläubiger hinsichtlich Art und Umfang der Aufnahme in das Verzeichnis und soll ihnen die Möglichkeit geben, vor der Vornahme der Verteilung Änderungen oder Ergänzungen zu erwirken, da Gläubiger, deren Forderungen nicht in das Verzeichnis aufgenommen worden sind, nach Maßgabe von § 189 Abs. 3 InsO von der Verteilung ausgeschlossen sind. **553**

In das Verzeichnis sind aufzunehmen: **554**

- alle zur Tabelle festgestellten Forderungen, wobei ein Widerspruch des Schuldners unberücksichtigt bleibt;
- alle bestrittenen Forderungen, wenn für sie ein vollstreckbarer Titel vorliegt;
- bestrittene Forderungen, wenn gemäß § 189 Abs. 2 InsO dem Verwalter fristgemäß die Erhebung der Festellungsklage oder die Aufnahme des über die Forderung anhängigen Rechtsstreits angezeigt worden ist, die Betreibung der Forderungen also nachgewiesen wird;
- Ausfallforderungen absonderungsberechtigter Gläubiger in Höhe des nachgewiesenen (§ 190 Abs. 1 InsO) oder des zu erwartenden (und glaubhaft gemachten) Ausfalls (§ 190 Abs. 2 InsO);
- alle aufschiebend bedingten Forderungen gemäß § 191 Abs. 1 InsO;
- alle auflösend bedingten Forderungen, bei denen die Bedingung nicht eingetreten ist (§ 42 InsO).

Zweckmäßigerweise werden alle Forderungen nach laufenden Nummern aufgelistet. Bestrittene Forderungen werden als solche kenntlich gemacht und mit 0,- DM angesetzt. **555**

Nach Beendigung seines Amts erstellt der Insolvenzverwalter die **Schlußrechnung** nach §§ 166, 187 InsO, die vier Hauptelemente enthält: **556**

- Einnahme-/Ausgabenrechnung (Überschußrechnung),
- Schlußübersicht (fakultativ),
- Schlußbericht,
- Schlußverzeichnis.

VI. Erstellung und Fortschreibung der internen Rechnungslegung

557 Die Schlußrechnug enthält letzlich nur eine Zusammenfassung des Rechnungswerks, das der Verwalter bei Beendigung seiner Abwicklungstätigkeit zu erstellen hat, um ein vollständiges Bild seiner Geschäftsführung zu geben. Sie muß auch erkennen lassen, welche Aus- und Absonderungsrechte beansprucht, festgestellt und bedient worden sind, welche Gegenstände freigegeben wurden, mit welchem Erfolg schwebende Rechtsgeschäfte und Prozesse abgewickelt wurden und was durch Anfechtung zur Masse gezogen werden konnte. Sie ist damit ein vollständiger Tätigkeitsbericht des Verwalters.[303]

558 Die Einnahmen-/Ausgabenrechnung der Schlußrechnung wird aus der laufenden Buchführung abgeleitet und ist mit den jeweiligen Belegen, Bankauszügen und der zugehörigen Buchführung einzureichen, um eine sachgerechte Prüfung zu ermöglichen.

559 Die Schlußübersicht steht im Kontext zur Vermögensübersicht nach § 153 InsO und soll in Gegenüberstellung zur Vermögensübersicht aufgebaut sein und das zahlenmäßige Ergebnis der gesamten Verwaltungs- und Verwertungstätigkeit des Verwalters darstellen. Eine Pflicht zur Erstellung einer solchen Schlußübersicht besteht nicht.

560 Auch die Erstellung oder der Inhalt des Schlußberichts ist gesetzlich nicht vorgegeben. Mit Ausnahme der allgemeinen Regelung in § 79 InsO, nach der die Gläubigerversammlung vom Verwalter einzelne Berichte anfordern kann, sieht lediglich § 156 Abs. 1 InsO die Vorlage eines Berichts zur ersten Gläubigerversammlung vor. Es entspricht jedoch allgemeiner Meinung und der bisher geübten Praxis, daß der Verwalter im Rahmen der Schlußrechnung den gesamten Abwicklungshergang in Form eines Tätigkeitsberichts erläutert. Der Inhalt des Schlußberichts nach der Insolvenzordnung entspricht dem Inhalt des Schlußberichts, der auch im Verfahren nach der Konkursordnung üblich war (oben Rz. 504).

561 Das Schlußverzeichnis bildet die Grundlage für die nachfolgende Verteilung und ist daher auch nicht Bestandteil, sondern notwendige Ergänzung der Schlußrechnung für den Fall eines Verteilungsverfahrens. Es folgt in seiner Aufteilung den gleichen Kriterien wie denen bei einer Abschlagsverteilung.

---

303) *Haarmeyer/Wutzke/Förster*, Handbuch zur Insolvenzrecht, Kap. 8 Rz. 40.

Literaturverzeichnis

Adler/Düring/Schmaltz
Rechnungslegung und Prüfung der Unternehmen, 6. Aufl., Band I, 1995

Bähner, Eberhard/Berger, Wolfgang/Braun, Karl-Heinz
Die Schlußrechnung des Konkursverwalters, ZIP 1993, 1283 ff

Balmes, Frank
Überschuldungsbilanz und Insolvenz, BiBu 1996, 97

Baumbach, Adolf/Hopt, Klaus J.
HGB, Kommentar, 29. Aufl., 1995

Baumbach, Adolf/Hueck, Alfred
GmbH-Gesetz, Kommentar, 16. Aufl., 1996

Beck'scher Bilanzkommentar
Der Jahresabschluß nach Handels- und Steuerrecht, Das Dritte Buch des HGB, 3. Aufl., 1995 (zit.: *Bearbeiter*, in: Beck'scher Bilanzkommentar)

Beck'sches Steuerberater-Handbuch
siehe Pelka/Niemann

Birkenfeld, Wolfram
Das große Umsatzsteuerhandbuch, Loseblatt, Stand: Dezember 1996

Boruttau, Ernst Paul/Egly, Hans/Sigloch, Heinrich
Grunderwerbsteuergesetz, Kommentar, 13. Aufl., 1992

Braun, Rainer
Zum Haftungsmaß bei der Haftung des Konkursverwalters für Steuerschulden, DStZ 1988, 93

Steuerrechtliche Aspekte der Konkurseröffnung, 1987

Bringewat, Bernd/Waza, Thomas
Insolvenzen und Steuern, Konkurs - Vergleich - Gesamtvollstreckung, 4. Aufl., 1997

Bruse, Helmut u. a.
Stichprobeninventuren, StBp 1988, 101 ff (Teil I); 179 ff (Teil II)

Budde, Wolfgang/Förschle, Gerhart
Sonderbilanzen. Von der Gründungsbilanz bis zur Liquidationsbilanz, 1994 (zit.: *Bearbeiter*, in: Budde/Förschle)

Bücheler, Friedrich
Umsatzsteuer in Sequestration und Konkurs, DStR 1980, 70 ff

Literaturverzeichnis

Burger, Anton/Schellberger, Bernhard
Der Insolvenzplan im neuen Insolvenzrecht, DB 1994, 1833 ff

Dahl, Sven
Bewertung bei der Ermittlung der Überschuldung einer GmbH nach § 63 GmbHG, GmbHR 1964, 112 ff

Fichtelmann, Helmar
Steuern im Konkurs und Vergleich, NWB Fach 2, S. 6231 ff

Fischer, Werner
Die Überschuldungsbilanz, 1980

Förschle, Gerhart/Kropp, Manfred/Deubert, Michael
„Schlußbilanz der werbenden Gesellschaft" kein Pflichtbestandteil der Rechnungslegung von Kapitalgesellschaften in Liquidation, DB 1994, 998 ff

Notwendigkeit der Schlußbilanz einer werbenden Gesellschaft und Zulässigkeit der Gewinnverwendung bei Abwicklung/Liquidation einer Kapitalgesellschaft, DStR 1992, 1523 ff

Förster, Wolfgang
Die Liquidationsbilanz: eine handelsrechtliche, betriebswirtschaftliche und steuerrechtliche Darstellung mit Fallbeispiel, 3. Aufl., 1992

Forster, Karl-Heinz
Die Rechnungslegung der Aktiengesellschaft während der Abwicklung (§ 270 AktG 1965), in: Festschrift Knorr, 1968, S. 77 ff

Fricke, Gerd
Die einkommensteuerrechtliche Behandlung von Verlusten im Konkurs und nach dem Konkurs, DStR 1966, 22 ff

Frotscher, Gerrit
Steuern im Konkurs, 3. Aufl., 1990

Geist, Günter
Insolvenzen und Steuern, Konkurs, Vergleich, Sanierung im Steuerrecht, 3. Aufl., 1980

Geßler, Ernst/Hefermehl, Wolfgang/Eckardt, Ulrich/Kropff, Bruno
AktG, Kommentar, 1974 ff (zit.: *Bearbeiter*, in: Geßler/Hefermehl, AktG)

Haarmeyer, Hans/Wutzke, Wolfgang/Förster, Karsten
Handbuch zur Insolvenzordnung, 1997

GesO, Kommentar, 3. Aufl., 1995

Hachenburg, Max
  GmbHG, Großkommentar, 1990 ff

Hahn, Carl (Hrsg.)
  Die gesammten Materialien zu den Reichsjustizgesetzen, Bd. IV: Materialien zur Konkursordnung und zum Anfechtungsgesetz, 1881

Heilmann, Hans
  Der Lohnsteueranspruch des Finanzamtes im Konkurs, NJW 1982, 420 ff

Heni, Bernhard
  Rechnungslegung im Insolvenzverfahren, WPg 1990, 93 und 203

Hermanns, Michael/Buth, Andrea K.
  Der Insolvenzplan als Sanierungsplan, DStR 1997, 1178

Herrmann, Carl/Heuer, Gerhard/Raupach, Arndt
  Einkommensteuer- und Körperschaftsteuergesetz, 21. Aufl., Stand: März 1997 (zit.: *Bearbeiter*, in: Herrmann/Heuer/Raupach)

Hess, Harald
  KO, Kommentar, 5. Aufl., 1995

Hess, Harald/Binz, Fritz/Wienberg, Rüdiger
  GesO, Kommentar, 3. Aufl., 1997

Hess, Harald/Boochs, Wolfgang/Weis, Michaela
  Steuerrecht in der Insolvenz, 1996

Horn, Norbert (Hrsg.)
  Das Zivil- und Wirtschaftsrecht der DDR, RWS-Dokumentation 1, 1990

  Das Zivil- und Wirtschaftsrecht in den neuen Bundesländern ab 3. Oktober 1990, 1990

Hübschmann, Walter/Hepp, Ernst/Spitaler, Armin
  Abgabenordnung - Finanzgerichtsordnung, Kommentar, Loseblatt, 10. Aufl., 1995, Stand: Dezember 1996

Hundertmark, Dedo
  Einkommensteuerrechtliche Gewinnermittlung im Konkurs, BB 1967, 408

Kilger, Joachim
  Anmerkung zu BGH, Urt. v. 29. 5. 1979 - VI ZR 104/78, ZIP, 1980, 25

  Probleme der Sequestration im Konkurseröffnungsverfahren, in: Festschrift Einhundert Jahre Konkursordnung 1877 - 1977, 1977, S. 189 ff

Kilger, Joachim/Schmidt, Karsten
  Konkursordnung mit Gesamtvollstreckungsordnung, 16. Aufl., 1993

Literaturverzeichnis

Klasmeyer, Bernd/Kübler, Bruno M.
Buchführungs-, Bilanzierungs- und Steuererklärungspflichten des Konkursverwalters sowie Sanktionen im Falle ihrer Verletzung, BB 1978, 369

König, Gisbert
Gesonderte oder harmonisierte Rechnungslegung des Konkursverwalters im Unternehmenskonkurs, ZIP 1988, 1003 ff

Kölner Kommentar
zum Aktiengesetz, 2. Aufl., 1986 ff (zit.: *Bearbeiter*, in: Kölner Komm. z. AktG)

Kramer, Andreas
Konkurs- und Steuerverfahren, 1993

Kübler, Bruno M./Prütting, Hanns
Das neue Insolvenzrecht, Band I: InsO, Band II: EGInsO, RWS-Dokumentation 18, 1994

Kuhn, Georg/Uhlenbruck, Wilhelm
Konkursordnung, Kommentar, 11. Aufl., 1994

Küting, Karlheinz/Weber, Claus Peter
Handbuch der Rechnungslegung, 3. Aufl., 1990; Teilband I, 4. Aufl., 1995

Kunz, Peter/Mundt, Kristina
Rechnungslegung in der Insolvenz, DStR 1997, 620 ff und 664 ff

Lutter, Marcus/Hommelhoff, Peter
GmbHG, Kommentar, 14. Aufl., 1995

Maus, Karl Heinz
Der Insolvenzplan, in: Kölner Schrift zur Insolvenzordnung, 1997, S. 707

Auswirkungen des Zinsabschlaggesetzes auf die Insolvenzverfahren, ZIP 1993, 743 ff

Niethammer, Dieter
Rechnungslegung im Insolvenzverfahren, WPg 1990, 202

Onusseit, Dietmar,
Umsatzsteuer im Konkurs, 1988

Onusseit, Dietmar/Kunz, Peter
Steuern in der Insolvenz, 2. Aufl., 1997

Literaturverzeichnis

Pelka, Jürgen/Niemann, Walter (Hrsg.)
Beck'sches Steuerberater-Handbuch 1996/1997, 1996 (zit.: *Bearbeiter*, in: Beck'sches Steuerberater-Handbuch)

Pink, Andreas
Rechnungslegungspflichten in der Insolvenz der Kapitalgesellschaft, ZIP 1997, 177
Insolvenzrechnungslegung, 1996

Plate, Georg
Die Konkursbilanz, 2. Aufl., 1981

Probst, Ulrich
Umsatzsteueransprüche bei der Verwertung von Sicherungsgut im Konkurs, BB 1991, 1390 ff

Reiß, Wolfram
Sequestration zum Zwecke der Umsatzsteuerersparnis?, DVR 1987, 54
Vorkonkursliche Vermögensverwertung durch Sequester, UR 1989, 210

Scherrer, Gerhard/Heni, Bernhard
Liquidationsrechnungslegung, 2. Aufl., 1996
Externe Rechnungslegung bei Liquidation, DStR 1992, 797 ff

Schlegelberger, Franz/Wolfgang
Handelsgesetzbuch, Kommentar, 5. Aufl., 1973 ff

Schmidt, Karsten
Liquidationsbilanzen und Konkursbilanzen. Rechtsgrundlagen für Sonderbilanzen bei aufgelösten Handelsgesellschaften, 1989

Schmidt, Ludwig
Einkommensteuergesetz, 16. Aufl., 1997

Schöne, Torsten/Ley, Dirk
Die Auswirkungen des Zinsabschlaggesetzes im Konkurs von Personengesellschaften, DB 1993, 1405 ff

Scholz, Franz
Kommentar zum GmbH-Gesetz, 8. Aufl., 1993/1995

Smid, Stefan
GesO, Kommentar, 3. Aufl., 1997

Stadie, Holger
Umsatzsteuerabzugsverfahren bei der Verwertung sicherungsübereigneter Gegenstände und bei der Zwangsversteigerung von Grundstücken, in: Prütting (Hrsg.), Insolvenzrecht 1996, RWS-Forum 9, 1997, S. 293
Das Recht des Vorsteuerabzuges, 1989

Stirnberg, Martin
Haftung des Konkursverwalters gegenüber dem Steuergläubiger, BB 1990, 1525 ff

Streck, Michael
Körperschaftsteuergesetz, Kommentar, 4. Aufl., 1995

Thiel, Jochen
Bilanzrecht, 4. Aufl., 1990

Tipke, Klaus/Kruse, Heinrich Wilhelm
Abgabenordnung, Finanzgerichtsordnung, Kommentar zu AO 1977 und FGO (ohne Steuerstrafrecht), 16. Aufl., 1996

Tipke, Klaus/Lang, Joachim
Steuerrecht, 15. Aufl., 1996

Urban, Norbert
Sequestrations-Umsatzsteuer im Abzugsverfahren nach § 51 Abs. 2 Nr. 2 UStVO, UR 1993, 401 ff

Veit, Klaus-Rüdiger
Die Konkursrechnungslegung, 1982

Welzel, Peter
Das Zinsabschlaggesetz als Problem im Konkursfall, DStZ 1993, 197 ff

Wilke, Hans-Joachim
Umsatzsteuer im Konkurs nach der Rechtsprechung des Bundesfinanzhofes, UR 1989, 307 ff

WP-Handbuch 1992
Wirtschaftsprüfer-Handbuch, Band I, 10. Aufl., 1992, hrsg. vom Institut der Wirtschaftsprüfer in Deutschland

Stichwortverzeichnis

Abschlagsverteilung 442, 553, 561

Abschlußprüfer 233 ff

Abschreibung
- Anlagevermögen 124
- außerplanmäßig 168, 222
- planmäßig 169

Abwicklungsgewinn 346

Anhang, Erläuterungsbericht 214 ff

Ansatzvorschriften 141, 155 ff
- Anlagevermögen 157
- Passivierung 160 ff
- Pensionsverpflichtung 164 f
- Rechnungsabgrenzungsposten 167
- Rückstellungen 160

Aufteilung, Steuerschuld 302 ff

Betriebsaufgabe 325 f

Betriebsfortführung 11, 212 f, 347 f, 365, 478 ff

Bewertungsvorschriften 141, 168 ff

BGB-Gesellschaft 254

Bilanzänderung, -berichtigung 265 ff

Buchführung
- Computer 46 ff
- Systeme 40 ff
- Technik 49 ff

Buchführungspflicht
- nach Handelsrecht 1 ff
- nach Insolvenzrecht 22 ff
- nach Steuerrecht 16 ff

Buchwert 54 ff, 73 ff

Doppelte Buchführung 44, 51

Doppelumsatztheorie 408

Drittrechte 54 ff, 73 ff

Eigenverbrauch 365, 370, 375

Einkommensteuer 288 ff
- Verlustabzug 290, 317, 339
- Verlustausgleich 315, 317, 339

Einnahmen- und Ausgabenrechnung 1, 40 ff, 49, 96

Einzelkaufleute
- Gewinn- und Verlustrechnung 208
- Jahresabschluß 111
- Lagebericht 224
- Liquidationsbilanzen 184

Forderungsprüfung 65 ff

Gesamtvollstreckungsverfahren 27 ff, 97
- Abschlußbericht 31
- interne Rechnungslegung 509 ff
- steuerrechtliche Pflichten 251 ff
- Schlußverzeichnis 30

Geschäftsbetrieb
- Schließung 11, 504

Gesellschafterdarlehen, kapitalersetzend 484

Gewerbesteuer 354 ff

Gewinn- und Verlustrechnung 207 ff

Gewinnermittlung
- nach Handels- und Steuerrecht 59 ff
- steuerliche 256 ff

Stichwortverzeichnis

Gläubigerversammlung 15, 23, 31, 36 ff, 516

Gläubigerverzeichnis 34 f, 98, 100, 518, 523, 531 ff

Gliederungsvorschriften 174 ff

GOB
- s. Grundsätze ordnungsgemäßer Buchführung

Going-concern-Prinzip 150

Grundsätze ordnungsgemäßer Buchführung 138 ff, 142 ff
- Ausweisvorschriften 141
- Bewertungsstetigkeit 149
- Bilanzidentität 147
- Einzelbewertung 153
- Going-concern 150
- Kapitalgesellschaft 140
- Stichtagsprinzip 143
- Vollständigkeit 144
- Vorsichtsprinzip 139

Handelsbilanz 102 ff

Harmonisierung interner und externer Rechnungslegung 80

Insolvenzgläubiger 100, 524, 531 ff, 552

Insolvenzordnung 98, 517 ff
- Berichtstermin 539
- Ergebnisplan 548
- Gläubigerverzeichnis 34, 98, 531 ff
- Schlußbericht 520
- Schlußrechnung 520, 556 ff
- steuerrechtliche Pflichten 253
- Vermögensübersicht 524
- Verzeichnis der Massegegenstände 517 f
- Zwischenübersicht 536 ff

Insolvenzplan 100 f, 540 ff

Insolvenzverwalter
- Rechnungslegungspflicht 7, 32 ff
- vorläufiger 253

Inventar 23 f, 35

Inventarisierungspflicht 116

Inventur 116 ff
- Arten 120 f
- Methoden 122

Jahresabschluß
- Befreiungsmöglichkeit 236
- handelsrechtlicher 102 ff
- Prüfung und Offenlegung 231 ff

Kapitalertragsteuer 333

Kapitalgesellschaft
- Anhang, Erläuterungsbericht 216
- Gewinn- und Verlustrechnung 210
- Größenkategorien 174 ff
- Grundsätze ordnungsgemäßer Buchführung 140
- Jahresabschluß 102 ff
- Lagebericht 225 ff
- Liquidationsbilanzen 8, 184 ff

Kaufmannseigenschaft 5, 10

Kladdenbuchführung 49

Kleinkaufleute 41

Konkursausfallgeld 431, 436

Konkursbilanz 440 ff
- Allgemeine Grundsätze für die Aufstellung 456 ff
- Bewertung, Aktiva 470
- Bewertung, Passiva 481
- Erstellung, Technik 495 ff
- Fortschreibung 68 ff, 489 ff
- Gliederung 464 ff

Stichwortverzeichnis

Konkurseröffnungsbilanz 495

Konkursquote 444, 505

Konkursverwalter
- Haftung 21, 90, 249, 379, 430 ff, 488
- Rechnungslegungspflicht 1 ff
- steuerrechtliche Pflicht 245

Konkurszwischenbilanz 500

Kontenklasse 55

Kontenplan 51, 57 f, 78

Körperschaftsteuer 336 ff

Kreditoren 66

Lagebericht 224 ff

Liquidationsbilanzen 102, 184 ff
- Eröffnungsbilanz 184
- Jahresabschluß 197
- Schlußbilanz 201

Liquidator 105 ff, 205

Lohnanspruch 89, 427

Lohnsteuer 427 ff

Masseschuldentabelle 89

Minderkaufleute 41

Nebenforderungen
- freigestellte Arbeitnehmer 89

Niederstwertprinzip 139, 151

Offene-Posten-Verzeichnis 67

Pagatorische Buchführung 41 ff

Passivierungsvorschriften 155 ff

Pensionsverpflichtung 164

Personenhandelsgesellschaft
- Gewinn- und Verlustrechnung 208
- Jahresabschluß 102 ff
- Lagebericht 224
- Liquidationsbilanzen 184 ff

Rechnungsabgrenzungsposten 167

Restbuchwert 124

Restschuldbefreiung 255, 552

Roh-, Hilfs- und Betriebsstoffe 134, 478

Rückstellung 160 ff

Sachanlagevermögen 124 ff, 134 f

Sachkonten 44 f, 180

Saldenliste 66, 130

Schlußbericht 50, 52, 54, 68, 94 ff, 503 ff

Schlußbilanz 84 ff

Schlußrechnung 92 ff

Schlußverteilung 351, 506

Schlußverzeichnis 23, 30, 97, 454, 504, 509, 514, 553

Sequester
- Haftung 378
- steuerrechtliche Pflicht 238

Sozialplan 151, 163

Steuerbilanz 55 ff, 257 ff

Steuererstattungsanspruch
- Geltendmachung 278 ff, 368, 389

Steuerrückstellung
- Passivierung 166

Stichwortverzeichnis

Stichtagsinventur 120

stille Reserven 220, 307 ff

Teilungsmasse 95

Überschuldungsbilanz 448 ff, 509, 517

Umlaufvermögen 141, 151, 153, 157, 170 f, 180, 220

Umsatzsteuer 365 ff
- Entstehung 375
- Fälligkeit 376
- Herausgabe an den Aussonderungsberechtigten 419 ff
- Massearmut 425
- Umsatzsteuervoranmeldung 62
- Verwertung von Massegegenständen 401 ff
- Wahlrecht 397

Verbraucher-Insolvenzverfahren 255

Vergleichsantrag 22

Vergleichsbilanz 22, 451, 509, 517

Vergleichsverwalter 22, 24, 380

Verkehrswert 54 f, 77 f

Verlustrücktrag 318, 321, 363

Verlustvortrag 290, 318 f, 328 ff, 363

Vermögensbilanz 106, 185

Vermögensmasse
- Übersicht 452, 509

Vermögensteuer 260

Vermögensübersicht 517 ff

Verrechnungsverbot 139, 167

Verteilungsverzeichnis 454, 509, 519, 553

Verzeichnis der Massegegenstände 35 f, 98, 100, 517 f

Vollkaufleute 5 f, 33, 41, 94

Vorsteuer 63 f, 244, 369, 371, 382 ff

Warenbestand 70 ff

Werbungskosten 306, 328 ff

Wertaufholungsgebot 168

Zinsabschlagsteuer 333

Zusammenveranlagung 290

Zwangsversteigerung 389

Zwischenauswertung 73

Zwischenbericht 50, 84, 538

Zwischenbilanz 11, 84, 86, 442, 489 ff, 500, 538

Zwischenrechnung 29, 38, 95, 98, 537

Zwischenübersicht 535 ff